本书由
中央高校建设世界一流大学（学科）
和特色发展引导专项资金
资助

中南财经政法大学"双一流"建设文库

创│新│治│理│系│列

政府间教育事权与支出责任研究

张文剑 著

中国财经出版传媒集团
经济科学出版社
Economic Science Press

图书在版编目（CIP）数据

政府间教育事权与支出责任研究/张文剑著．——北京：经济科学出版社，2021.12
（中南财经政法大学"双一流"建设文库）
ISBN 978-7-5218-3208-2

Ⅰ.①政… Ⅱ.①张… Ⅲ.①义务教育-教育财政-中央和地方的关系-研究-中国 Ⅳ.①G526.7

中国版本图书馆 CIP 数据核字（2021）第 249532 号

责任编辑：孙丽丽　撒晓宇
责任校对：孙　晨
版式设计：陈宇琰
责任印制：范　艳

政府间教育事权与支出责任研究

张文剑　著

经济科学出版社出版、发行　新华书店经销
社址：北京市海淀区阜成路甲28号　邮编：100142
总编部电话：010-88191217　发行部电话：010-88191522
网址：www.esp.com.cn
电子邮箱：esp@esp.com.cn
天猫网店：经济科学出版社旗舰店
网址：http://jjkxcbs.tmall.com
北京季蜂印刷有限公司印装
787×1092　16开　12.5印张　220000字
2022年4月第1版　2022年4月第1次印刷
ISBN 978-7-5218-3208-2　定价：52.00元
（图书出现印装问题，本社负责调换。电话：010-88191510）
（版权所有　侵权必究　打击盗版　举报热线：010-88191661
QQ：2242791300　营销中心电话：010-88191537
电子邮箱：dbts@esp.com.cn）

总　序

"中南财经政法大学'双一流'建设文库"是中南财经政法大学组织出版的系列学术丛书，是学校"双一流"建设的特色项目和重要学术成果的展现。

中南财经政法大学源起于1948年以邓小平为第一书记的中共中央中原局在挺进中原、解放全中国的革命烽烟中创建的中原大学。1953年，以中原大学财经学院、政法学院为基础，荟萃中南地区多所高等院校的财经、政法系科与学术精英，成立中南财经学院和中南政法学院。之后学校历经湖北大学、湖北财经专科学校、湖北财经学院、复建中南政法学院、中南财经大学的发展时期。2000年5月26日，同根同源的中南财经大学与中南政法学院合并组建"中南财经政法大学"，成为一所财经、政法"强强联合"的人文社科类高校。2005年，学校入选国家"211工程"重点建设高校；2011年，学校入选国家"985工程优势学科创新平台"项目重点建设高校；2017年，学校入选世界一流大学和一流学科（简称"双一流"）建设高校。70年来，中南财经政法大学与新中国同呼吸、共命运，奋勇投身于中华民族从自强独立走向民主富强的复兴征程，参与缔造了新中国高等财经、政法教育从创立到繁荣的学科历史。

"板凳要坐十年冷，文章不写一句空"，作为一所传承红色基因的人文社科大学，中南财经政法大学将范文澜和潘梓年等前贤们坚守的马克思主义革命学风和严谨务实的学术品格内化为学术文化基因。学校继承优良学术传统，深入推进师德师风建设，改革完善人才引育机制，营造风清气正的学术氛围，为人才辈出提供良好的学术环境。入选"双一流"建设高校，是党和国家对学校70年办学历史、办学成就和办学特色的充分认可。"中南大"人不忘初心，牢记使命，以立德树人为根本，以"中国特色、世界一流"为核心，坚持内涵发展，"双一流"建设取得显著进步：学科体系不断健全，人才体系初步成型，师资队伍不断壮大，研究水平和创新能力不断提高，现代大学治理体系不断完善，国际交流合作优化升级，综合实力和核心竞争力显著提升，为在2048年建校百年时，实现主干学科跻身世界一流学科行列的发展愿景打下了坚实根基。

"当代中国正经历着我国历史上最为广泛而深刻的社会变革，也正在进行着人类历史上最为宏大而独特的实践创新"，"这是一个需要理论而且一定能够产生理论的时代，这是一个需要思想而且一定能够产生思想的时代"[①]。坚持和发展中国特色社会主义，统筹推进"五位一体"总体布局和协调推进"四个全面"战略布局，实现"两个一百年"奋斗目标、实现中华民族伟大复兴的中国梦，需要构建中国特色哲学社会科学体系。市场经济就是法治经济，法学和经济学是哲学社会科学的重要支撑学科，是新时代构建中国特色哲学社会科学体系的着力点、着重点。法学与经济学交叉融合成为哲学社会科学创新发展的重要动力，也为塑造中国学术自主性提供了重大机遇。学校坚持财经政法融通的办学定位和学科学术发展战略，"双一流"建设以来，以"法与经济学科群"为引领，以构建中国特色法学和经济学学科、学术、话语体系为己任，立足新时代中国特色社会主义伟大实践，发掘中国传统经济思想、法律文化智慧，提炼中国经济发展与法治实践经验，推动马克思主义法学和经济学中国化、现代化、国际化，产出了一批高质量的研究成果，"中南财经政法大学'双一流'建设文库"即为其中部分学术成果的展现。

文库首批遴选、出版二百余册专著，以区域发展、长江经济带、"一带一路"、创新治理、中国经济发展、贸易冲突、全球治理、数字经济、文化传承、生态文明等十个主题系列呈现，通过问题导向、概念共享，探寻中华文明生生不息的内在复杂性与合理性，阐释新时代中国经济、法治成就与自信，展望人类命运共同体构建过程中所呈现的新生态体系，为解决全球经济、法治问题提供创新性思路和方案，进一步促进财经政法融合发展、范式更新。本文库的著者有德高望重的学科开拓者、奠基人，有风华正茂的学术带头人和领军人物，亦有崭露头角的青年一代，老中青学者秉持家国情怀，述学立论、建言献策，彰显"中南大"经世济民的学术底蕴和薪火相传的人才体系。放眼未来、走向世界，我们以习近平新时代中国特色社会主义思想为指导，砥砺前行，凝心聚

[①] 习近平：《在哲学社会科学工作座谈会上的讲话》，2016年5月17日。

力推进"双一流"加快建设、特色建设、高质量建设,开创"中南学派",以中国理论、中国实践引领法学和经济学研究的国际前沿,为世界经济发展、法治建设做出卓越贡献。为此,我们将积极回应社会发展出现的新问题、新趋势,不断推出新的主题系列,以增强文库的开放性和丰富性。

"中南财经政法大学'双一流'建设文库"的出版工作是一个系统工程,它的推进得到相关学院和出版单位的鼎力支持,学者们精益求精、数易其稿,付出极大辛劳。在此,我们向所有作者以及参与编纂工作的同志们致以诚挚的谢意!

因时间所囿,不妥之处还恳请广大读者和同行包涵、指正!

中南财经政法大学校长

目　录

第一章　绪论
第一节　政府间教育事权划分与支出责任的相关概念综述　　2
第二节　各级政府在教育领域事权划分的原则与基本思路　　9
第三节　政府间教育事权划分的理论综述　　17

第二章　教育事权与支出责任划分制度分析
第一节　财政事权与支出责任划分制度变迁　　28
第二节　教育事权与支出责任划分制度变迁　　39
第三节　教育事权与支出责任划分制度框架　　53

第三章　政府间教育事权划分现状及问题
第一节　我国财政分权的发展历程　　66
第二节　我国财政分权存在的问题　　71
第三节　财政事权不匹配的矛盾与事权调整　　77

第四章　政府教育事权履行能力分析
第一节　教育的层次性及其事权和支出责任　　84
第二节　各级政府教育事权划分的案例分析　　88
第三节　政府教育事权划分的经验总结　　103

第五章　政府履行教育事权和支出责任的划分

第一节　教育事权划分的特点　112

第二节　政府履行教育事权存在的问题　121

第三节　中央政府转移支付对教育事权的影响　129

第六章　教育事权划分与支出责任的国际经验借鉴

第一节　各国的教育事权划分经验　136

第二节　各国的教育事权划分的经验总结及启示　152

第七章　政府教育事权划分的改革建议

第一节　形成教育事权划分的法律体系　159

第二节　财力事权相匹配　163

第三节　优化教育转移支付制度　168

第四节　完善考核监督机制　171

第五节　简化财政和政府层级　175

参考文献　183

第一章 绪论

第一节 政府间教育事权划分与支出责任的相关概念综述

一、教育事权与支出责任的概念

财政事权是一级政府应承担的运用财政资金提供基本服务的任务和职责，支出责任是政府履行财政事权的支出义务和保障。事权与支出责任的内涵具有丰富的理论含义，它不仅仅涉及经济学领域，包含政治学、行政学、管理学、社会学等学科的范畴，还具有鲜明的国别与时代特征，不同国家因经济效率、社会公平观不同而产生一些差异，并随着国家经济社会发展水平的变化而不断发展变化。值得注意的是，事权是一个复合性的范畴，这一点是理解事权内涵首先需要考虑的问题。

具体到教育事权，其大致包括教育服务的提供（举办）、对教育服务提供的监管与调控两大方面的内容。教育服务的提供（举办）也就是教育事权的具体实施。在界定了教育事权之后，再来看相关的财政支出责任划分的问题。需要指出的是，各层级政府承担教育财政支出责任的依据可能是不同的。对于特定的教育服务而言，以义务教育为例，基层地方政府承担提供或举办义务教育服务的职责，其相关的财政支出责任就是基于其提供或举办相应义务教育服务的职责。即原则上，提供或举办该项教育服务的职责属于该层级政府，相关的财政支出责任也应由其承担，该财政支出责任是提供者责任、举办者责任。

谈及政府的财政事权与支出责任，不能不提到政府职能。与事权和支出责任密切相关的政府职能主要包括三个方面：资源配置、收入分配和宏观调控（Musgrave，1959；Martinez - Vazquez，2003；等等）。

第一，资源配置职能，主要是指公共物品的供给。1954 年，美国著名经济学家萨缪尔森（Paul A. Samuelson，1915）发表了《公共支出的纯理论》，对公共物品进行了严格定义，提出了经典的"非竞争性和非排他性"的标准，他还借助数学分析工具对公共物品和私人物品进行了界定。随后，1955年，萨缪尔森发表了《公共支出理论图解》，进一步阐释了公共物品理论。公共物品理论后经马斯格雷夫（Musgrave，1959）、得穆塞茨（Demsetz H.，1970）、皮尔斯（Pearce，1986）、福克（Ver Eecke，1998）等不断丰富。

第二，收入分配职能，主要是指政府为了实现社会公平目标，对收入水平不同的群体实施再分配，因不同国家秉承的社会公平观、价值观不同，政策措施差异巨大。马斯格雷夫（1959）指出，调节社会收入与财富的分配状态，使之达到社会公认的公平和公正状态，就是收入分配职能的最确切的体现。

第三，宏观调控职能，主要是指政府通过制定、运用财政政策和货币政策，对整个宏观经济运行进行宏观调控的过程，其目标是保持宏观经济平稳健康发展，相关指标处于正常区间。

我国学者对事权与支出责任也提出了较多的理论观点。国外公共经济学专著中只有"政府支出"（government expenditure）一词（Harvey S. Rosen，2008）。事权是我国背景下的特有称谓，是计划经济体制下各级政府对其治理下的国营企事业单位的行政管理权，突出的是一种行政隶属关系，后用于对不同层级政府职责的划分。王国清和吕伟（2000）等认为，事权可以理解为某一级政府所拥有的从事一定社会经济事务的责任和权利。俛红日（2006）认为，应该将事权概念改变为公共服务职责，即各级政府承担的由本级政府提供的公共服务供给的职能和责任。李齐云和马万里（2012）认为，市场经济下的政府职能是供给公共物品，因此，事权的内涵就是公共物品供给职责，体现在财政支出上就是支出责任。刘尚希和邢丽认为（2006），政府间财政体制包括三个基本要素，即事权、财权与财力，事权处于基础性和先导性地位，直接决定政府间财权和转移支付安排，所以，事权优化配置对实现财力与事权相匹配至关重要。

在研究中，一个重要的提法是公共服务及基本公共服务均等化概念的提出。学者们普遍认为，公共服务是政府承担事权和支出责任的重要内涵。安体富和任强（2007）对公共服务的含义和分类进行了研究。他们认为，公共服务的概念从属于公共物品，两者的主要区别在于物品的性质，公共物品是有形的，公共服务是无形的。刘尚希（2007）分析认为，可以从两个角度认识基本公共服务：一是从消费需求的层次角度来看，与基本消费需求相关的公共服务就是基本公共服务，食品、安全、穿衣等是保障人类最基本需求生存的，与之相关的公共服务属于基本公共服务。二是从消费需求的同质性角度来看，人们的无差异消费需求属于基本公共服务。例如，无论收入水平多高，食品、安全、穿衣等是所有人共同的需要，与之相关的公共服务属于基本公共服务。

贾康（2007）对均等化的含义进行了分析。他认为，均等化是要将公共服务的差异控制在一定限度内，并逐步缩小差距，均等化并不是绝对平均。政府承担公共服务均等化的职责就是要给予一个基本保障，发挥"托底"作用，保障诸如义务教育、社会救济与基本社会保障这类事项最低限度的公共供给。

虽然现有研究初步理清了事权与支出责任这两个概念，但与事权相关的概念，诸如事权与政府权限之间，支出责任与财权、财力之间的关系仍需要进一步明确。从概念来界定，教育领域财政事权可以视为相关层级政府通过投入相应财政资源应分别承担的供给教育公共产品的职能职责，以及由此派生出来的对相关财政资金统筹管理和支配的权利；教育领域支出责任是指相关层级政府为履行教育财政事权而实际产生的支出义务，以及由此派生出来的对相关财政资金的管理责任。因此，教育的财政事权是先导，是理顺政府间财政关系的逻辑起点和前提条件，对应的支出责任很大程度由这一财政事权决定，不同教育财政事权划分模式需要与之相适应的支出责任体系来配套，支出责任划分是纵向不同层级政府履行教育财政事权而进行的财政资源投入匹配方案及管理安排。基于政治体制、管理效率及成本等方面考虑，上一级政府可以将自己承担的部分教育财政事权委托给下一级政府，并辅之以对下一级政府的财政转移支付作为配套，从而使两级政府对教育的财政事权和支出责任发生一定程度的分离。

二、政府职能与政府责任

要清楚划分政府间的事权，首先需要明确政府职能（government function），并明晰政府与市场、社会的功能。要正确处理政府与市场、政府与社会的关系，合理确定政府提供基本公共服务的范围和方式，将应由市场或社会承担的事务，交由市场主体或社会力量承担；对应由政府提供的基本公共服务，要明确承担财政事权和支出责任的相应政府层级，促进社会主义市场经济体制不断完善，使市场在资源配置中的决定性作用得到充分发挥①。

政府职能也可称为行政职能（administrative function），是行政机构依法对国家和社会公共事务进行管理时所具有的功能或应起的作用，主要有政治、经济、文化和社会四方面职能。政府的经济职能主要包括：进行宏观调控、提供公共物品和服务、进行市场监管等。政府职能具有阶段性特点，不同社会发展阶段的国家，政府所承担的职能也有所不同。公众对公共物品的需求是政府职能确立的依据。

职能明晰后，就要划定政府责任。在政治学、法学、行政学及经济学等不同视野中，政府责任的内涵各不相同。政治学是最早研究政府责任的学科，侧重于政府的政治责任，主要是指政府恪守民主与法制责任，对作为权力来源的公民负责，它关注政府权力与统治的合法性，是现代民主政治发展的产物；在法学界看来，是行政法将政府与责任连在一起，政府责任就是政府对行政负有"法"上的责任；多数行政学学者认为，政府责任主要是行政责任。

经济学的政府责任是一种资源交换与互利行为。现代契约论认为，公民与政府的授权与被授权关系是一种契约关系，公民同意（选举）或遵从是政府获得合法权力的基础，并通过纳税给予政府经济支持；政府在获得公民政治和经济支持的同时，必须按契约要求提供令后者满意的服务（彭忠益，2012）。

政府职能具有阶段性特点，处于不同社会经济发展阶段的国家，政府职能也有所不同。从财政角度来说，不同类型国家财政收入占 GDP 的比例会有很大不同，政府收入的类型和数量决定了政府可以支配的资源、履行的政府职能及其支出责任。经济合作与发展组织（OECD）将国家类型划分为富裕型、赶超型、奋力型、贫困型国家，不同类型的国家政府面临的政治、经济、文化和社会等各方面的问题差异性很大，行使政府职能的侧重点不同，政府责任也有很大不同。随着中国国力不断增强，政府的职能也在变化，需要增加在满足公共需求和环境保护等方面的支出。同时，由于基础设施存量的增长，基础设施运营和维护的支出也将大幅增加，因此，政府支出责任较重。

古典学派约翰穆勒（John Stuart Mill，1806）曾提出过划分两类国家职

---

① 《国务院关于推进中央与地方财政事权和支出责任划分改革的指导意见》，中国政府网，http://www.gov.cn/zhengce/content/2016-08/24/content_5101963.htm。

能——必要的职能与选择的职能的重要思想。世界银行对不同能力政府的职能划分见表1-1。

表1-1　　　　　　　　　不同能力政府的职能

职能	解决市场失灵	促进社会公平
初级职能	提供纯公共物品：国防、法律与秩序、保持财产所有权、宏观经济管理、公共医疗卫生服务	保护穷人：反贫困计划、消除疾病
中级职能	解决外部性：基础教育、环境保护；规范垄断行业：公共事业管制、反垄断政策；克服信息不对称：社会保险、金融监管、消费者保护	提供社会保障：再分配性养老金、家庭补贴、职业保险
积极职能	协调市场活动：促进市场发育	再分配：资产再分配

资料来源：世界银行：《1997年世界发展报告——变革世界中的政府》，中国财政经济出版社1997年版。

一般情况下，体现国家主权、维护统一市场以及受益范围覆盖全国的基本公共服务由中央负责，地区性基本公共服务由地方负责，跨地区的基本公共服务由中央与地方共同负责。

政府职能在教育领域始终围绕义务教育的公共属性展开。义务教育属于基本公共服务，应坚持基本公共服务的普惠性、保基本、均等化方向，所以义务教育总体属于中央与地方共同财政事权，中央统一制定和调整基础标准，另外中央财政承担更大的支付责任。在过去一定历史时期内，政府鼓励义务教育的差异化存在，允许各校制定个体方案多向发展，其目的在于通过树立榜样来激励，或是带动其他学校的发展，这与当时的经济发展战略相吻合，处于允许非均衡存在的状态。但是义务教育非均衡的最终靶向还是实现均衡，这是由义务教育的本质属性，即义务教育的公共性所决定的。

三、公共物品的投入品与公共物品本身

公共产品理论是政府事权权限划分的重要理论依据，是处理中央与地方事

权的理论基点，其中的核心概念就是公共物品。社会物品分为公共物品（public goods）和私人物品（private goods），20世纪50~60年代，随着学术界对政府职能和财政公共性等问题的研究，"公共物品"理论被引入经济学。我国提出公共财政的建设框架后，公共物品的提供也成为学术界和社会公众普遍关注的热点问题。

作为舶来品，公共物品通常被译为"公共物品""公共产品""公用品""公有物品"等。据统计，与私人产品相对应、独立使用并具有公共性的产品和公共服务的概念多达18种。本书一般统称为公共物品，包括公共产品和公共服务。

对公共物品的定义最常见的是保罗·萨缪尔森（Paul A. Samuelson，1915）提出的：公共物品是指这样一类商品，将该商品的效用扩展于他人的成本为零；无法排除他人参与共享，最好的例子是国防。公共物品的建设和提供，往往周期长、收效慢，甚至可能没有直接的经济效益，公共物品的这些特性使公共物品的供给如果单纯依靠市场，可能会出现市场失灵的问题。1954年，萨缪尔森（1915）在《公共支出的纯理论》中首次提出公共物品的基本概念和最优供给的条件。1955年，在《公共支出理论图解》中，他承认许多公共物品如教育、防卫、警察、消防等存在某些收益上的可变因素，存在一个介于完全竞争和完全非竞争性之间的区域。

查尔斯·沃尔夫（Charles Wolf）认为，公共物品供给中的市场失灵主要表现在两个方面：一是具有非排他性属性的公共物品无法排除"免费搭车"行为，导致私营部门不愿供给；二是具有排他性属性的公共物品一旦由私营部门供给，将会导致资源配置的低效率。因为市场是追求利益的，所以公共物品的提供要依靠政府出面组织生产和供给，才有可能满足公众需求，这是政府职能的基本依据。从各国实践看，即使是公共物品，也要考虑由公共生产还是私人生产更有效率，其中一个关键因素是市场环境；另一个重要问题是，政府要与私人部门服务提供者签订内容完备的合同。

公共物品的主要特点包括：

（1）非竞争性。从供给看，公共物品具有"非竞争性"的特点，也称共享性，当某人消费该物品或服务时并不会减少其他人的消费，即在给定的生产水平下，向额外消费者提供该商品或服务的边际成本为零。

（2）非排他性。从需求看，任何人都不能因自己消费公共物品而排除他人对某一产品或服务的消费，即多人使用并不会降低其效用，他人不付费也可以享用。

非竞争性和非排他性是公共物品的基本特征，由此引出以下两个特性：

（1）效用不可分割。它是向整个社会公众提供的，不能只限于满足部分个人、家庭、团体或组织等的需求。

（2）消费的强制性。公共物品具有高度垄断性，一经生产出来，公众一般只能被动接受。因此，要高度重视公共物品供给的质量和数量，否则，可能产生浪费或不足，社会危害比较大。

私人物品的收益可以分割，一般通过价格杠杆由市场提供；而公共物品由政府承担支出责任，以纳税为代价供公众免费享用，通过公共选择决定其供给的类别、数量、质量等。就公众个人而言，享用公共物品的代价是依法纳税，但往往收支并不对等。我们的日常消费品多为私人物品，常见的公共物品有社会安全、城市道路、教育、医疗等。

公共物品的数量不足或供给过度，都会给社会带来危害，所以明确界定公共物品的供给范围显得至关重要。各国都将提供基本公共物品作为政府责任，而部分公共物品则由政府、个人共同承担支出责任，或者政府通过财政政策等鼓励市场提供。

在市场机制中，强调"效率优先，兼顾公平"；在公共物品供给中，则倡导"公平优先、兼顾效率"，这是由政府职能所决定的。费雪认为，即使市场是没有效率的，一些商品仍然可以选择私人供给，比如政府供给成本太高或产生其他问题；在另一些情况下，如果社会追求的是公平或安全目标，则可能选择政府供给。市场提供的私人物品与政府提供的公共物品相互配合，并根据成本来确定政府提供公共物品的方式和范围，这是财政学研究的重要领域。

义务教育是教育事业和基本公共服务的重要组成部分。中国作为一个发展中大国，经济发展水平还不平衡，城乡二元结构也很明显，发展义务教育对于我国来说具有重要意义。因而，发展义务教育是每个国家的法律所明确规定的政府职能，也是每个国家的政府和社会无可推卸的责任。义务教育作为一种公共物品，该理论对于其属性问题和优化义务教育的供给具有重要作用。目前关于义务教育的属性问题仍然有争议。有少数学者认为义务教育公共服务属于准公共物品或混合公共物品，绝大部分学者的观点是义务教育属于纯公共物品一类或是具有该类物品的典型性质。在我国，义务教育是一种纯公共物品或者免费物品，全体适龄儿童必须并且免费享受的教育，以便提高我国国民的素质教育。义务教育具有强制性、免费性和普及性特征，政府要承担义务教育供给的主要责任。但义务教育并不都是由政府提供，私人部门也能提供，本书主要研究的是由政府提供的义务教育。

第二节 各级政府在教育领域事权划分的原则与基本思路

一、事权的产生及其划分的必要性

（一）事权的产生

人类作为一种社会存在，生存和发展离不开各式各样的产品支持，产生了各方面的需求，这些需求除了自然能够直接满足的如对阳光、空气的需求外，其他的需求都要由社会来提供，具体可以分为两种：一种是可以在市场上得到特定产品实现满足，但需要支付相对应价格，这种需求在得到满足时能够排除他人通过该特定产品实现需求的满足，他们的满足只能通过拥有该产品的主体的转移或者可以通过同类产品来实现。例如某一个人想拥有一辆车，他必须通过支付车款来实现所有权的满足，而这种满足必然地排除了他人的满足，即使他们可以通过借用、抵押等方式实现一定的使用权满足，但是所有权并不自然发生转移，他人欲拥有该车的使用权，也必须通过支付车款购买其他车辆，或者和该权利主体达成一致支付价款实现车辆所有权的转移。而这种购买其他车辆或者实现该车辆所有权的转移后，又会出现对第三人以及某一人的排除性。

此外，这种需求通常因人而异，不是全国范围内的人都同时需要，这种排他性的需求被称为"私人需求"，满足"私人需要的"便是"私人产品"。另外一种需求是全国内所有人社会生活和生产中统一的需要，由于"私人产品来满足"的代价过大，没人能够或者没人愿意提供产品的情况下，必须由大家选举成立一个统一的非营利性的公共组织来提供，并让渡一部分的权利由该组织享有，该组织即我们所说的政府。但是由于政府的非营利性，因此享受这些产品时享受人无须支付价款或者仅需支付少量的价款，这也决定着某一人或者某些人在享受这些产品时不能排除他人的享受。例如一国所有人对国防的需求，由于国防涉及区域之广、人员之多并非一般个人产品所能实现，同时国防并不能直接带来大量、及时的利益收入，即便个别私人能够满足也不会愿意去提供，而只能由政府来统一提供。同时，某一人或某些人在享受国防的时候，也无法排除其他人的享受和满足。这种非排他性需求被称为"公共需求"，满足这种需求的产品是"公共产品"，而提供这种产品的统一的公共组织便是政府。政府提供"公共产品"的过程也就是政府事权的产生过程。

（二）事权划分的必要性

前文提到，政府事权的产生来源就是政府需要提供"公共产品"。虽然公共产品在全国范围内都会被需要，具有一定统一性，但是由于地理空间的差异和行政区域的划分，公共产品的利益范围并不相同。据此，我们把公共产品再分类为国家公共产品和地方公共产品。全国区域内的所有人民都可以享受的公共产品的是国家公共产品，仅特定区域内的人民可以享受到的公共产品便是地方公共产品。一个或者几个社会成员在享受仅在一定区域内可以受益的地方公共产品时，无法排除同区域内其他社会成员享受该公共产品，而如果超出了这个区域的范围，该公共产品便是具有排他性的，即该特定区域外的社会成员无法享受该区域内的公民所享受的公共产品，除非实现区域间的转移和成员身份的变化。即便同在一个国家内，一些区域的地方公共产品存在被其他区域内的社会成员享受到的可能性，某些公共产品的利益范围并完全限制在该区域之内，但这些特别的地方公共产品的生产主体、生产成本和收益范围，基本是限定在同一个区域之内，该地方公共产品也是着眼于满足本区域内居民的需要而生产的，生产的费用也由本区域的政府承担，继而转移到本区域的社会成员身上。

所以，个别的地方公共产品的外部受益性并不影响地方公共产品的区域特定性。

正是由于公共产品的国家公共产品和地方公共产品的不同层次的分类，为政府事权的划分提供了基础。一个国家建立起稳定的秩序和成立统一的政府之后，就需要着眼于满足全国范围内社会成员的各种需求，但是由中央政府提供公共产品的过程中存在着固有的缺陷即中央无法有效提供具有特殊性的地方公共产品：由于地理、文化等方面的差异性，各个不同区域内的社会成员对公共产品的需求并不完全相同。而中央政府如果在每个区域都有一个完整的组织，其规模成本将会非常大，并且与地方政府的职能相重合，因此，在现代社会中央政府总办公点只能有一个，通常集中于各个区域中较适合的一个区域之中，这就造成了在其他各区域的需求信息获得方面的中央政府存在着固有困难。在这种困难存在下，如果由中央政府提供各区域地方公共产品，"中央政府不得不向各个辖区提供层次、质量和类型基本相同的产品。"各区域间差异性的存在，会造成在一定区域内过多提供造成资源浪费，而另外一区域特别需要无法得到满足的两个极端出现。而且，这种区域间的差异性越大，由中央统一供应公共产品出现的两个极端现象越严重。

而地方政府提供本区域内的地方公共产品有天然优势。与中央政府相比而言，在行政级别的划分中处于低层级的各级地方政府往往比中央政府更接近本区域内的民众，在了解地方的社会状况和民众偏好和需求的信息方面的成本更低、速度更快，并且能够根据民众需求的变化迅速做出反应。因此，由地方政府提供地方公共产品具有针对性和高效性。同时，将某些公共产品特别是本辖区内的地方公共产品交由各地方政府来供应，只要地方政府收取的居民税收足够充足，该地方政府向新增加居民或者本区域外的其他居民提供的公共产品的边际成本非常低甚至接近零时，那么地方政府就可以在收回成本的前提下收到一大笔的额外收入。在这大笔额外收入的驱使下，地方政府的动力会大大增加，"甚至可以像市场中的企业提供私人产品那样，去积极地提供公共产品"。正如，在蒂布特模型的理想状态下，"引入一种准市场的竞争机制，地方政府为了留住那些具有较高税负能力的居民和投资者便会竭力提供最佳的公共服务"这样，地方政府提供地方性产品能够实现质量的提高和效率的最大化。

综合上述中央政府的弊端和地方政府的优势，我们可以看出，公共产品的层次性和公共产品供给效率的提高要求不同受益范围的公共产品应当由不同层次的政府去提供，而全国范围内统一的公共需求则要由中央政府为主体来提供产品，这就决定了事权在中央政府和地方政府间划分的必要性。

二、教育事权划分的基本原则

（一）信息优势原则（便于管理原则）

西方部分学者从信息处理的复杂程度和信息对称角度，认为信息复杂程度较高的事权与支出责任应由地方政府负责，而复杂程度较低且涉及全局的事权与支出责任则适合高级别政府承担。据此奥茨（Oates，1972）认为，如果下级政府能够和上级政府提供同样的公共服务，那么由有信息优势的下级政府提供服务的效率会更高。因为与中央政府相比，地方政府更接近自己的公众，更了解其辖区选民的效用与需求。

（二）行动原则和技术原则

所谓行动原则是指应根据某项公共服务要求统一规划，还是因地制宜来确定承担该项公共服务的责任主体（Bastable，1903）。如某项公共服务在全国要求是一致的，出于行动原则，由中央来统筹配置会更有效率，因此其经费也应全额由中央财政承担。若该项公共服务要考虑各地实际需求差异，则应由地方政府负责并承担相应的支出责任。所谓技术原则是指凡政府活动范围广、规模庞大，且需要较高技术才能完成的项目，其支出责任应归属中央财政；一般性的而又需要适时进行监督的活动，应归地方负担。

（三）激励相容原则

该原则认为应设置适当的激励和约束地方政府行为的制度，以保障地方各级政府做好辖区范围内基本公共服务，避免出现地方政府不作为或因追求局部利益而损害其他地区利益或整体利益的行为。

(四) 事权与支出责任对称原则

通俗讲，对某项事务出钱买单的人，应拥有对该项事务的事权。尽管在实际运作中，要确保事权与支出责任完全匹配是很难实现的，但至少也要做到大体一致。因为如果下级政府承担了某项事权而不负有支出责任，那么下级政府在提供该项服务或执行这项事权时就有可能不计成本。

(五) 区别对待原则

我国各地经济发展水平和财政能力差异大，公务员整体素质和管理能力也不尽相同。划分政府间事权与支出责任应充分考虑这些差异。

总之，上述一般性原则为我国政府间义务教育事权与支出责任划分提供了理论指导，在具体针对某项义务教育事权与支出责任划分时应综合运用这些原则，并慎重进行权衡。

三、教育事权划分的基本思路

根据《国务院关于推进中央与地方财政事权和支出责任划分改革的指导意见》，按照教育工作特点，我国将教育领域财政事权和支出责任划分为义务教育、学生资助、其他教育（含学前教育、普通高中教育、职业教育、高等教育等）三个方面。

针对我国政府间义务教育事权与支出责任划分存在的问题，进一步深化我国政府间义务教育事权与支出责任划分改革，其基本思路是：

第一，厘清我国义务教育事权与支出责任的具体内容，并对其进行科学分类；弄清义务教育事权与支出责任内容，并将其具体化，在此基础上按照一定标准对其进行分类，这是合理划分政府间义务教育事权与支出责任的基础。本书的第二部分我们根据部门职责初步厘清了义务教育具体事权和支出项目，并按照义务教育各种事权与支出项目的相近程度、同一项具体事权的权力配置以及预算支出分类等多个分类依据，构建了我国义务教育事权与支出责任的分类框架。需要说明的是，公共服务领域事权与支出责任的细化及其分类一直是政府间事权与支出责任合理划分的研究难点，鉴于义务教育领域所涉及的事务十分广泛，本书所提供的义务教育事权与支出责任分类框架，仅为这一研究提供了基本思路，后续还需要通过更深入的研究和细致考证，不断充实和完善这一框架，力求能够形成社会共识。

第二，在明确中央、省（市、自治区）和市县三级政府共担义务教育事权与支出责任的体制框架理论上，已经证明了义务教育既不能采用高度集权的财政管理体制使其事权与支出责任完全由中央承担，也不能采用分散的财政管理体制，完全由地方负责。合理的财政体制安排应该是：义务教育事权实行分级管理，义务教育支出责任由各级政府共同分担。需要进一步明确的是，我国有中央、省、市、县和乡镇五级政府，义务教育事权和支出责任究竟是由五级政府共担，还是选择性地由其中几级政府分担。义务教育财政体制作为国家财政体制的重要组成部分，其改革内容和方向都要受国家财政体制安排的约束。自2001年农村税费改革以来，我国绝大部分省份都实行了"省直管县、乡财县管"的财政体制改革。在这些改革的省份，市与县同级，乡镇财政不再是一级独立财政，仅为县财政的派出机构。与我国中央、省和市县三级财政体制构架相一致，今后我国义务教育事权与支出责任应主要由这三级政府共同分担。

第三，以事权划分一般原则为指导，立足实际，合理划分中央、省与市县义务教育事权，并将其落到实处。根据前面给出的义务教育事权分类框架，我国义务教育事权主要包括行政管理事权、学校经费管理事权和教育教学研究与业务指导事权三大类。这里我们重点关注的是前两大类事权。近10年来，我国义务教育财政体制经历了多次调整，在义务教育事权划分上取得了很大成效，主要表现在两个方面：一是将义务教育作为共同事权来处理，这一点已形成社会共识；二是赋予上级政府决策、指导和监督事权的职责，基层政府主要承担执行事权职责，这符合信息优势、行动和技术原则的基本要求，即地方政府便于提供那些需要及时了解当地居民需求且适时落实的执行事权；中央提供那些需要在全国范围内统一的决策事权、监督事权以及技术难度较高的指导事权。今后在具体事权上，还需更加合理、明确地划分各自承担职责，同时要求各级政府将其承担职责，真正落到实处。就义务教育的行政管理事权而言，中央负责制定全国教育规划；省结合本地区社会经济发展状况制定本省各级教育发展规划，并赋予省对县进行指导和定期检查的职责；市县教育行政部门编制区域内教育事业发展规划，负责教育事业的统计、分析、信息发布和管理等执行工作。在办学标准事权划分上，由中央负责制定全国义务教育的基本办学标准，各省结合本地实际制定不低于国家标准的地方执行标准，市县负责落实义务教育的办学标准，以充分发挥基层政府的信息优势。同样地，针对义务教育办学行为规范事权，由中央负责制定全国义务教育办学行为规范的准则，赋予省对县督查、指导和问责的职责，市县严格执行国家制定的办学行为准则。就学校经费管理事权而言，中央制定全国义务教育学校人员工资、公用经费、学校基本建设的财政拨款的国家标准（底线标准）；省根据自身财力制定不低于国家标准的本省财政拨款标准；市县根据自身财力确定不低于省级标准的本级财政拨款标准，同时市县还要负责中小学经费管理的具体事务。

第四，分项目按比例明晰中央、省与市县义务教育支出责任，建立区别对待、激励相容的分担机制。已有的文件在公用经费、基本建设费、教材费用、学生资助这些支出项目上明确了中央与地方分担的比例，但在以下方面还需要进一步明确各级政府的支出责任：

1. 中央政府与地方政府责任

明确中央、省与市县承担义务教育人员经费的支出责任。对于占义务教育学校经费较大比例的人员工资，已有文件对于中央和地方以及地方各级政府间各自应承担的责任使用了模糊表述。建议在学校人员工资支出责任划分上，按照《国务院关于推进中央与地方财政事权和支出责任划分改革的指导意见》要求，可借鉴日本经验，将学校人员工资支出分为基本工资和绩效工资，其中基本工资可由中央和省各承担1/2，绩效工资由市县负责，中央和省对于绩效工资拨款标准提出基本要求，如不低于当地公务员绩效工资水平。这样的划分，既解决市县为减轻财政负担多年不愿增加人员编制的问题，也赋予市县一定灵活性，如市县财政充裕，可以通过提高教师绩效工资吸引优秀教师。同时还便于市县对所辖学校绩效考核与问责。

2. 在公用经费支出责任划分上，要进一步明确省级政府承担的支出责任

由于这一部分经费数额不是很大，目前中西部一些省份采用的方法均具有参考价值：一种是一些西部省份做法，即由中央承担80%的公用经费支出，省几乎全额承担剩余的20%；另一种是一些中部省份的做法，即中央承担60%的公用经费支出，剩余部分所需资金由省承担约30%，市县承担10%。就东部地

区而言，建议中央负担50%的公用经费支出，剩余比例的支出可由省和市县各承担一半。

3. 对学校基本建设支出项目进行整合，并要求地方承担更大的支出责任

目前有关学校基本建设费用专项资金种类较多，部分项目存在交叉重复，同时项目过多也不便于管理。建议可将这些专项资金整合成两类，分别是学校新建、改建、扩建与维修类和学校教学、生活设施设备购置类。由于这两类资金各地需求和成本差异均较大，加之近20年中央不断追加投入，各地办学条件已基本达到要求，今后这两类资金支出责任应主要由具有信息优势的地方承担，中央用少量资金发挥引导作用。在具体分担比例上，建议可由中央承担20%，省承担30%，市县承担50%。另外，针对分担机制设计中存在的对地方激励不足问题，可从以下三个方面解决：

第一，改变现行类似于专项一次性补助做法，实行真正封顶配套补助，即地方先将各项支出自身承担份额纳入财政预算，中央再给予配套。

第二，中央拿出一部分资金作为奖励资金，地方愿意多支出，中央适当给予奖励。

第三，鉴于我国建立以均等化地方财力为目的、规范的一般性转移支付尚需时日，上级政府专项资金要求下级政府配套比例需要区别对待，应做到财力充裕的地方政府多配套，财政困难的地方政府少配套。对于国家级贫困县来说，有些项目甚至可以要求不配套。最后需要特别指出的是，各级政府分项目按比例承担的义务教育支出责任，其分担比例是否科学合理还需要更多实证研究和精细的测算。

四、义务教育事权划分的基本方法

从理论上讲，可以采用多种方法对政府间义务教育事权与支出责任进行划分，但无论运用哪种方法来划分，在具有一定优点的同时，也存在着难以克服的局限。

第一，按照义务教育的受益范围来划分政府间义务教育的事权与支出责任。通常，按照公共品的受益范围来划分政府间的事权和支出责任是财政分权理论

所注重的基本方法。如果每级政府提供的公共品受益范围都与该级政府的统筹区域相吻合，则不仅符合公平原则，也侧面反映了提供效率之高。但是，对义务教育公共服务而言，其既不是典型的地方性公共产品，也不是典型的全国性公共产品，其受益范围难以准确地界定，这为依据公共品受益范围来划分政府间义务教育事权与支出责任造成了一定困难。

第二，按照行政隶属关系来划分政府间义务教育的事权与支出责任。在我国财政实践中，根据部门、单位的行政隶属关系划分政府间事权和支出责任是长期被采用的基本方法。但是，对政府间义务教育事权与支出责任而言，如果按义务教育事业单位的行政隶属关系来划分，那么义务教育的事权与支出责任将几乎全部由基层政府来承担。这虽然可以明晰政府间的事权和支出责任，但根据前面对义务教育公共服务性质的分析可知，这是不符合效率和公平原则的。

第三，按照公共品种类与层次来划分政府间义务教育事权与支出责任。在财政实践中，的确存在按公共品种类划分政府间事权与支出责任的方法。比如，国防、外交等纯公共品由中央政府负责提供，承担相应的事权与支出责任，就是按照公共品种类所进行的划分，但这种划分方法通常只适用于极少数的公共产品。对义务教育公共服务而言，无论将其事权和支出责任划归中央政府或地方政府，都是不能充分体现效率和公平原则的。

第三节　政府间教育事权划分的理论综述

一、公共物品理论与教育

教育服务的公共性是政府支持教育的理论依据，是政府间教育事权和支出责任划分的前提。公共性越强，政府承担的责任越大，应该赋予的事权也越多。公共物品理论认为，纯粹满足私人需求的物品（或服务）属于私人产品，不具有公共性，政府不应参与；纯粹满足公共需求的物品（或服务）属于公共产品，具有百分百公共性，应该由政府承担全部供给责任。

但是，现实中纯粹的公共物品少而又少，绝大部分教育服务介于私人品与公共品之间。教育活动是一个多元复合体，包括学校教育和短期培训等。学校教育分为普通教育和职业教育，普通教育又分为学前、小学、初中、高中、大学等教育，这对判断其中包含的公共性增加了困难。按照马斯格雷夫·萨缪尔森（Masgrave Samuelson）的公共品理论，私人品、公共品之外的准公共品，同时具有排他性与非竞争性的是俱乐部产品，同时具有非排他性与竞争性的是公共资源，见图1-1。

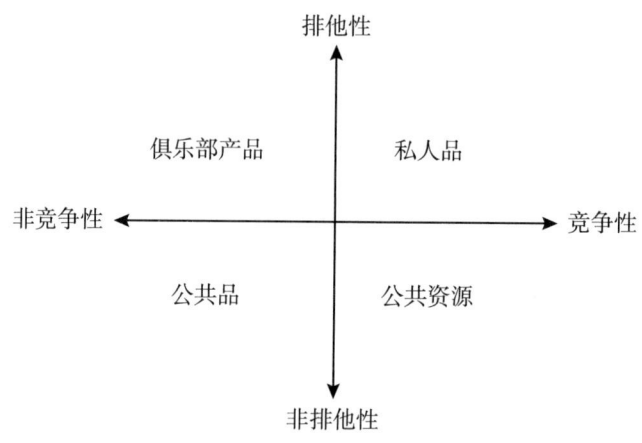

图1-1 公共性的组合判断

教育服务具有排他性，在超过容纳能力的情况下还具有竞争性，可作为私人品存在。在容纳能力之内，教育服务具有排他性和非竞争性，可看作俱乐部产品。但是，现实中很多国家将基础教育列入强制并免费的义务教育，如同公共品一样提供，这不符合上述的公共品判定标准。主流公共品理论从消费对象的技术特性分析，在阐释介于公共品与私人品之间的物品或服务时解释力不足，于是引入公共选择的视角成为必要。公共选择理论代表人物布坎南认为，"任何由集团或社会团体决定，为了任何原因，通过集体组织提供的物品或劳务，都被定义为公共品"。史卓顿和奥查德提出，集体的政治选择决定的、由政府免费或低费供给的物品或服务，可看作公共品。

冯俏彬、贾康指出，义务教育等基本公共服务可视为"权益—伦理型公共品"。这类物品或服务技术属性上能被竞争性消费，也不存在排他困难，可以按经济原则由私人部门竞争性生产；但基于"每个人都应平等地享有某种权利"的政治伦理，可看作公共品并按政治原则分配，具有显著的收入再分配功能。这类产品或服务在生产、分配领域可以适用不同的原则，即按经济原则生产，按政治原则分配。

基于不同类型教育服务公共性的差异，教育活动具有从私人性到公共性的不同光谱，涵盖从私人品到公共品的不同部分。按照教育的抚育功能、教育的基础性、个人收入直接相关度、收入损失相关度、与产业结构调整相关度、政治文化功能和创新功能几个方面，可对不同类型教育的公共性强弱进行分析（见表1-1）。低年龄阶段的教育尤其是学前教育，发挥部分抚育功能，具有更多的私人品（服务）性质，公共性偏弱。达到劳动年龄前的基础教育阶段是教育体系的基础，决定了职业教育、高等教育的发展潜力，具有强大的政治文化功能，与未来收入的相关度直接联系弱，公共性最强，很多国家将其列入义务教育。高等教育在社会成员个人择业和人生设计上，与分散的"发展投资"决策的关联度明显增加，与未来就业竞争力及个人收益的联系最直接，更多地偏向私人品特征。高等教育还承载着关键创新功能，是带动经济社会发展的重要引擎，又具有特殊的公共性。职业教育与未来收入关联度高，这是偏于私人品的因素。但是职业教育是结构调整的重要依托，因受教育期间失去取得收入的机会而减少了其吸引力，从而增加其公共性。

义务教育应以政府生产和供给为主，市场和社会组织为辅，由中央政府规划、省级政府监督和调控，主要操作性事务可交给县（市）级政府。所需费用按学生人数、地域生产成本差异和教师编制数等计入中央向基层政府教育类专项转移支付，由省级财政统筹使用，促进义务教育均等化。

学前教育兼有抚育与教育职能，应以市场、社会组织生产提供为主，市县级政府实施规划、资助场地基本建设，在当前学前教育需求激增阶段，省级政府应加强对师资培训的统筹。

高中教育应以政府生产提供为主，市场、社会组织为辅。市县级政府负责基本建设、运行费用和师资费用，省级以上政府进行监督和调控。

职业教育以市场、社会组织生产提供为主，政府补助或生产提供为辅。政府支持职业教育发展以市级政府为主，市县级政府负责基本建设事权及支出责任，省级以上政府进行监督和调控。

高等教育发展应同时重视发挥政府与市场作用。对于高等教育中的基础学科、创新尖端学科以政府购买服务的方式给予支持。政府举办高等教育以省级以上政府为主，中央宏观调控，克服高等教育发展中的不均衡。

总体而言，教育基本公共服务主要由中央或省级规划，对教育公共服务供给开展监督，给予地方政府足额的转移支付。教育服务生产提供尽可能发挥举办地政府信息优势，提高供给效率。现阶段，中央政府应该加强在义务教育均等化和提供学生补助方面的责任；省级政府应主要发挥好监管与调控作用，强化教育公共服务均等化的落实，当前还应重点加强学前教育师资的支持力度；基层的市县政府应解决好教育面临的基本建设问题，落实好上级政府委托的事项。

教育中来自政府的投入属于公共财政支出的一部分，它是政府为提供公共产品和服务、满足社会共同需要而进行的财政资金的支付。哈维·S. 罗森（Harvey S. Rosen）和特德盖亚（Ted Gayer）认为，财政支出基本有三项：商品和服务的购买，对个人、企业和其他各级政府的收入转移，利息支付。

世界银行高级经济学家大卫·善德（David Sand，2001）认为，世界银行之所以重视公共支出管理，原因就在于这种资源配置反映了政府经济、社会支出的优先事项，包括基于总体水平、部门之间、部门内部支出安排的先后次序，以及对下级部门的支出安排。比如就教育而言，它与其他公共支出的关系；初等教育与高等教育之间的资金分配；初等教育内部在修建新校舍、聘用教师、购买教材和教学设备之间的资金分配；要明确哪一类支出对提高教育质量的作用最大。

国际货币基金组织（IMF）高级经济学家卡文·麦克唐纳（Kevin MacDonald，2001）认为，在转轨经济中，支出政策改革要讨论三个问题：一是如何把高度集中的计划经济条件下的政府规模缩减到经济负担不重且不影响私人投资和经济增长的水平；二是哪些活动由政府负责，哪些活动实行私有化；三是财政支出怎样通过提供教育、卫生等关键性公共物品来实现收入再分配、增长和人力资本发展的公共政策目标。

对公共支出而言，资源配置的首要目标是公平。金戈、赵海利（2011）认为，人们对公平的理解有不同的标准，主要包括：一是规则公平，如通过考试分数来决定一个人能否享有更高层次的教育资源;二是起点公平,如保证所有学生享有同样的师资水平、教育条件等;三是结果公平,要求所有社会成员享有的公共资源是均等的。利益归宿分析在评价公共支出对收入分配的实际影响时认为,结果公平是一种理想的状态。

我国将涉及人民群众基本生活和发展需要、现有管理体制和政策比较清晰、由中央与地方共同承担支出责任、以人员或家庭为补助对象或分配依据、需要优先和重点保障的主要基本公共服务事项,首先纳入中央与地方共同财政事权范围,目前总共有八大类 18 项。

其中,教育领域总共有两大类 8 项:一是义务教育,包括公用经费保障、免费提供教科书、家庭经济困难学生生活补助、贫困地区学生营养膳食补助 4 项;二是学生资助,包括中等职业教育国家助学金、中等职业教育免学费补助、普通高中教育国家助学金、普通高中教育免学杂费补助 4 项。①

二、教育事权与支出责任

教育产品属性的划分表明,具有纯公共产品属性和准公共产品属性的教育产品需要由政府承担起全部或部分供给责任。因此对于教育产品的供给可以通过完全由政府承担以及政府与私人部门共同承担两种方式。政府完全承担的教育产品通常具备纯公共产品属性,我国义务教育是由政府完全承担的教育产品,具有近似于纯公共产品的属性。

义务教育究竟包括哪些具体事权与支出责任,如何分类,目前并没一个规范和权威的说法,国内研究的文献也不多见。仅有的几篇文献中,涉及义务教育事权与支出责任的分类方法大致可归纳为:一是根据教育层级将其分为小学和初中教育事权与支出责任;二是从考察各国相关做法的适用性,将义务教育事权与支出责任归纳为教育服务提供和对教育服务提供的监管与调控两大方面的内容,并认为上级乃至中央政府对义务教育服务提供进行监管与调控,可以保证全国范围内义务教育服务的均等化(魏建国,2017);三是根据当前预算结

---

① 《国务院办公厅关于印发基本公共服务领域中央与地方共同财政事权和支出责任划分改革方案的通知》,中国政府网,http://www.gov.cn/zhengce/content/2018-02/08/content_5264904.htm。

构或项目支出类型将其分为人员经费、公用经费、困难学生资助等管理事权与支出责任；四是根据教育经费支出的来源，将政府本级支出所对应的教育事务确定为教育直接事权，上级转移支付（包括一般均衡性转移支付和专项转移支付）对应的教育支出项目认定为间接事权（黄洪等，2014）。很明显，第一种分类较为笼统。第二种分类不仅笼统，且没有实际意义。因为在一个国家内部，上级政府对任何基本公共服务均负有确保管辖范围内均等化的责任。第三种分类未全面涵盖义务教育事权和支出责任的范围。第四种分类在实践中难以有效执行，因为义务教育部分项目的支出来源通常既包含了本级财政支出，也包含了来自上级财政的转移支付。在这里我们基于义务教育事权分类的复杂性和重要性，按照三级标准来确定义务教育事权内容。具体处理的方法为：第一步，根据中央和地方的教育机构设置及其职责对义务教育的事权进行系统梳理，弄清义务教育有哪些具体事权；第二步，将细化后的义务教育事权按相近程度分为一级事权和二级事权；第三步，根据相同的二级事权在不同级次政府间的权力配置进一步细分为三级事权。另外，考虑到事权与支出责任的对应关系，在义务教育事权分类中，也参考了部门预算的分类标准。

从中央到地方，义务教育涉及的机构主要有三类：一是教育管理部门，包括教育部、教育厅和教育局；二是教育教学研究与业务指导机构，包括教科所、教研室；三是提供义务教育服务的机构，包括小学和中学。这三类机构都是各级政府独立的预算单位。其中，教育管理部门为学校提供行政管理和经费管理服务，教育教学研究与业务指导机构通过开展教育教学研究为学校提供业务指导，同时对学校教育教学质量进行监测。这样我们将义务教育一级事权确立为：教育行政管理事权、学校经费管理事权和教育教学研究与业务指导事权。教育行政管理内容很多，根据管理内容的相近程度可将其细分为规划事权（含教育事业规划和布局规划）、办学标准事权（含办学硬件设施标准、师资配备标准等）、办学行为规范事权（含招生规范、人事规范、教育教学行为规范、学校安全卫生管理规范、收费规范、学籍管理规范等）和教学内容管理事权（含课程设置、教材编写、教学计划和大纲制定）。

按照目前预算分类，学校经费管理事权主要包括五类，即人员经费管理事权（含教职工基本工资、绩效工资）、公用经费管理事权、基本建设经费管理事权（含新改扩建与维修经费、教学生活设施设备购置费用等）、学生资助类经费管理事权（含困难学生生活补助、义务教育营养餐改善计划）、教材费用管理事权（含国家教材费用管理、地方教材费用管理）。教育教学研究与业务指导事权主要包括教育教学研究事权、教育教学业务指导事权、教育教学质量监测事权三类。由于义务教育事权由各级政府共担，在实际的运作中，不同级次政府可能承担了同一级事权的职责，而其区别主要在于权力配置上各有所侧重。

为了更好地区分这一点，我们进一步根据权力配置不同将二级事权细分为决策、监督、指导和执行四种职责（刘尚希等，2012）。义务教育事权分类详见图1-2。

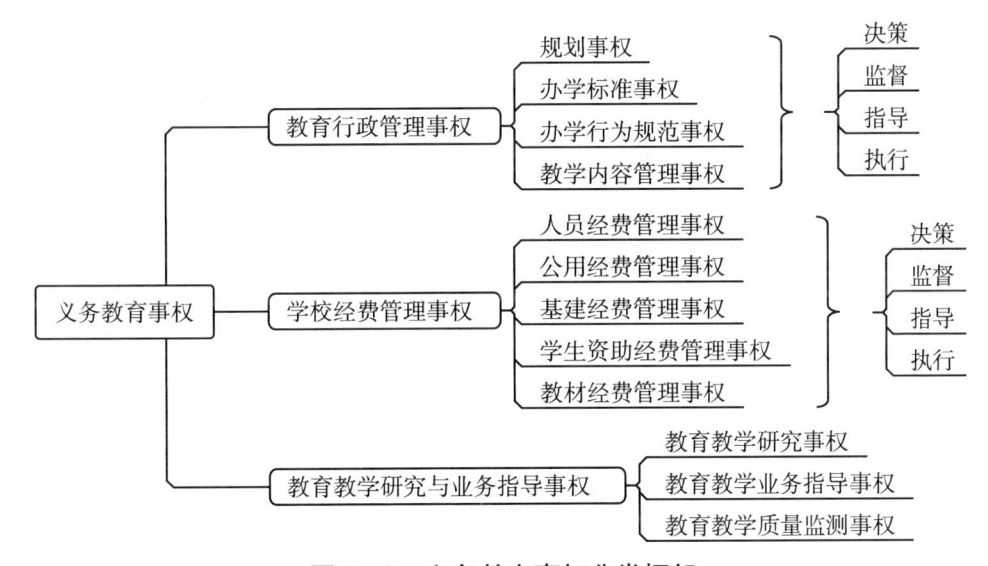

图1-2 义务教育事权分类框架

义务教育支出责任的分类既要考虑事权与支出责任的对应关系，同时也要从可操作的角度尽量确保义务教育支出分类与现行预算支出分类一致。如前所述，义务教育涉及三大机构，且均为各级政府独立的预算单位，即各自直接与本级财政部门发生资金领拨关系。其中，教育主管部门属于行政机构，其人员身份为公务员，从事义务教育行政管理事务所发生的经费应列为一般行政管理支出；教育教学研究与业务指导机构性质上属于事业单位，人员编制为事业编制，所发生的经费列入教育事业费，这两类机构发生的经费支出不是我们关注的重点。通常所说的义务教育支出责任共担主要指的是学校提供义务教育服务发生的经费。由于小学和初中均为全额财政拨款的事业单位，所产生的经费也属于教育事业费。为了与前面事权分类保持一致，学校经费支出也进一步细分为五类支出，即人员经费支出（含基本工资支出、绩效工资支出）、公用经费支出、基本建设支出（含新改扩建与维修支出、教学生活设施设备购置支出）、教材费用支出（含国家教材费用支出和地方教材费用支出）以及学生资助支出（含困难学生生活补助支出和营养餐改善计划支出）。义务教育支出责任分类详见图1-3。

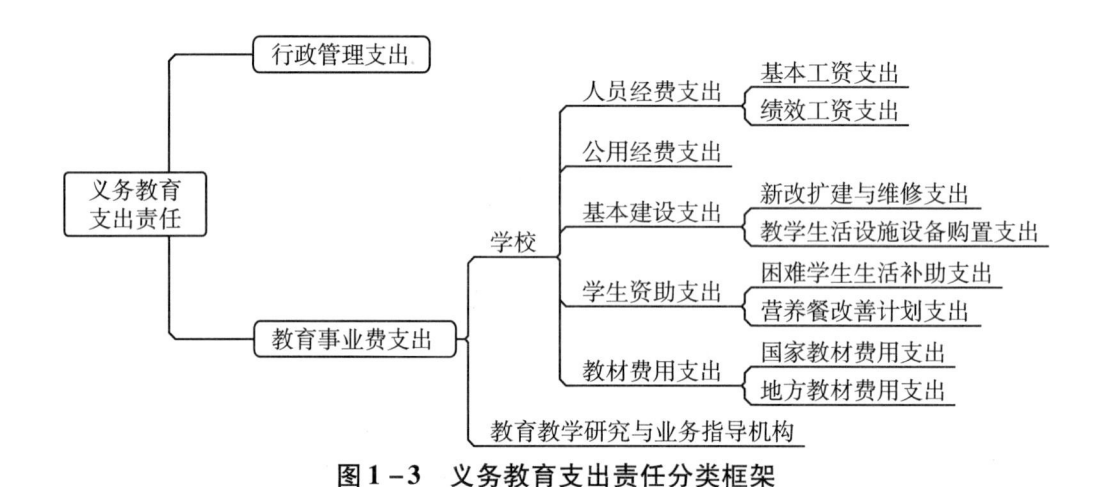

图1-3 义务教育支出责任分类框架

我国的义务教育总体为中央与地方共同财政事权，并按具体事项细化，其中：涉及学校日常运转、校舍安全、学生学习生活等经常性事项，所需经费一般根据国家基础标准，明确中央与地方财政分档负担比例，中央财政承担的部分通过共同财政事权转移支付安排；涉及阶段性任务和专项性工作的事项，所需经费由地方财政统筹安排，中央财政通过转移支付统筹支持。①

三、政府事权和财权的关系

事权，从一般意义上来讲代表着一定主体处理一定事物的权力；因此，政府事权可以理解为"各级政府基于其自身的地位和职能所享有的提供公共物品、

---

① 《国务院办公厅关于印发教育领域中央与地方财政事权和支出责任划分改革方案的通知》，中国政府网，http：//www.gov.cn/zhengce/content/2019-06/03/content_5397093.htm。

管理公共事务的权力"。即政府事权也是一种政府的权力,具有权力的众多特征,因此事权的行使必然与宪法的实施有着密切的关系。本书的事权特指政府事权。

财权,通常理解为一定主体享有的能够筹集和支配一定财力的自主权。本书所讲的财权主要是指"各级层的政府在宪法和法律规定的范围内,所享有的组织财政收入、安排财政支出的权力"。财权并不是一个单一型权力,而是由税收权力、财政立法权力和政府举债权力组成的一个复合型权力。财权涉及的收入也不是单一的,而是由税收收入、国有资产收入、公债收入、规费收入等共同组成,只是各种收入在财权涉及的收入中的所占比例不同,税收作为现代国家的主要收入来源,自然在财权涉及的收入中占有最大比重。

教育产品的特殊性决定了其有效供给除了市场调节外,离不开政府干预,市场失灵与政府失灵直接影响、甚至决定教育供给有效性,进而影响、甚至决定教育经费绩效。在市场经济条件下,政府提供公共服务更多的是依靠财政的支出而非行政命令的手段来实现的,这就意味着事权的执行过程就是政府的承担支出责任的支出过程,可以说"支出责任是政府事权的一种具体表现",事权则是支出责任的现实基础,事权范围大,则支出责任就大;事权范围小,则支出责任就小。而支出责任的存在就需要财权来作为支持和保障,即支出责任大,财权就应该大;支出责任小,则财权就应该小。由此,我们可以得出这样一个应然结论:财权是事权执行的保障,事权范围的大小应该决定财权规模的大小。在教育领域,更需正确处理政府与市场的关系,合理确定政府提供教育领域公共服务的范围和方式,合理划分各级各类教育领域相关公共服务的财政事权和支出责任。对部分基本公共服务领域共同财政事权和支出责任,根据受益范围、影响程度等,按具体事项进一步细化,做到边界清晰规范。

判断一项公共服务应该由哪级政府承担,依据的是财政分权理论。该理论根据政府提供公共服务的受益范围不同可将其大致分为三类:第一类是受益范围覆盖全国,全国居民均可以毫无差别地享受,如国防、外交等,这类公共服务被称为全国性公共服务;第二类是受益范围仅局限于某一辖区,如社会治安、清扫垃圾等,这类公共服务被称为地方性公共服务;第三类是空间外溢性地方公共服务,也就是我国所说的共同事务。所谓空间外溢性地方公共服务,是指地方政府提供的某些公共服务的受益范围超出了它所管辖的行政边界,外溢到了其他辖区，从而使其他辖区居民在不承担任何费用的情况下也获得了部分好处。义务教育就是典型的空间外溢性地方公共服务。一方面，接受义务教育的绝大多数学生将来会在本辖区居住和就业，本辖区是义务教育的主要受益者；另一方面，当地政府无法保证在本辖区受过良好义务教育的学生不流动到其他辖区。因此，需要明确中央在财政事权确认和划分上的决定权，落实地方按规定履行教育领域财政事权的责任，充分调动地方因地制宜发展区域内教育事业的积极性和主动性。

第二章
教育事权与支出责任划分制度分析

第一节　财政事权与支出责任划分制度变迁

多级政府的关系问题一直是教育财政体制的核心问题之一，财政事权与支出责任的划分又是教育财政体制改革的关键。"分灶吃饭"财政体制改革以来，多级政府间的博弈一直是教育财政体制设计最为关键的部分。

新中国成立以来，中国的财政体制进行过多次变迁，从1950年高度集权，逐步过渡到中央统一领导下的分级管理，尽管在不同的时期财政分权的程度不同，但基本上都是统一领导和分级管理相结合这一模式。1950~2000年以来，我国的财政体制经历了统收统支的财政体制、统一领导及分级管理的财政体制、分级包干财政体制、分税制财政体制的阶段，得到了完善和发展，但现阶段的财政体制仍存在缺陷，还有进一步改进的空间。

一、中国财政体制变迁历程

1. 统收统支的财政体制（1950~1952年）

新中国成立后，为了调动有限的社会资源尽快恢复国民经济，1950年3月政务院发布《关于统一国家财政经济工作的决定》（以下简称《决定》）。该决定的主要内容是：统一全国财政收支管理、统一全国物资管理、统一全国现金管理，这就是所说的统收统支模式。该体制的特征是：收支两条线，地方代理中央负责组织收入，并一律上缴中央金库，没有中央拨付的命令，不得动用；地方政府所需的一切开支均须中央统一审核，逐级按月拨付；预算管理权限集中于中央，留给地方少许财务自主权，用以解决农村、文教卫生事业和市政建设以及其他临时性的需要。

这种体制下的支出事权基本上由中央统揽，地方财政并非一级独立的财政，它只是中央在地方上的一个派出机构。这种类型的财政体制适合当时的国情，有利于抑制恶性的通货膨胀和国民经济的恢复，但是它不利于发挥地方各级财政部门当家理财的积极性，因而只能在特殊的情况下实行。

2. 统一领导、分级管理的财政体制（1953～1979年）

为了适应国内政治、经济形势发展的变化，高度集中的财政体制有所松动，从1953年起中国的财政体制转向了统一领导、分级管理的体制，实行中央、省、县三级财政管理和分类分成和总额分成的收入划分模式。分类分成法是指把财政收入分为中央财政固定收入、地方财政固定收入、固定比例分成收入和调剂收入四个部分，并实行不同的分成比例。而总额分成是对全部财政收入实行统一分成比例。这两种划分收入的方法都属于平均比例法，最大特点是各级财政利益均沾。从体制效应看，总额分成简便易行，适应性强。总额分成的不足之处是使地方财政只重视大宗收入，而忽视零星收入。分类分成则可弥补总额分成的不足，使各级地方政府全面组织财政收入，它的不足是不利于调动富裕地区增收的积极性。

这种体制的基本特点是：在中央统一政策、统一计划和统一制度的前提下，按国家行政区划分预算级次，实行分级管理，原则上是一级政权，一级预算，但各级政府预算的收支分配权和管理权相对较小，并不构成一级独立的预算主体；按中央政府和地方政府的职责分工并按企事业和行政单位的隶属关系确定各级预算的支出范围。大体上中央财政对地方财政的预算收支和上缴下拨指标"一年一定"，地方财政收支仍然完全被纳入了中央财政统一编制的国家预算内；体制的有效期是"一年一定"，而不是长期相对稳定；主要税种的立法权、税率调整权和减免权集中于中央，由中央确定地方的收入指标。全部收入分为各级财政的固定收入和比例分成收入，由地方统一组织征收，分别入库；同时，为调动地方组织收入的积极性，有时对超收部分另定分成比例，使地方多收多留；由中央统一进行地区间的调剂，凡收大于支的地方收入上缴中央，凡支大于收的地方由中央补助。中央预算另设专项拨款，由中央集中支配；地方预算的收支平衡，从总量上讲，基本上是以支定收，节余的可以留用。从结构上讲，基本上是中央"条条"下达指标，地方无权调剂。有时是中央总额控制，分项下达指令性指标，地方有权统筹安排。在这种体制下，地方政府虽然承担了一部分支出事权，但收支分配权和管理权很小，财力和财权的相当大部分仍集中在中央，它仍不能充分调动地方的积极性。

3. 分级包干财政体制（1980~1993年）

随着我国经济体制的改革，财政管理体制于1980年、1985年、1988年先后进行了三次重要改革。其共同特点是，在划分各级预算收支的基础上，分级包干，因此都属于分级包干体制。这种体制是由"统一领导、分级管理"体制向分税制预算管理体制转变的过渡性体制，分为三个阶段：

（1）1980~1984年，实行"划分收支，分级包干"的财政体制，俗称"分灶吃饭"体制。所谓"划分收支"，就是按照经济体制所规定的隶属关系，明确划分中央与地方预算的收支范围。其要旨是对收入进行分类分成，划分固定收入、固定比例分成和调剂收入三类，财政支出主要按照企业和事业单位的隶属关系进行划分。

（2）1985~1987年，实行"划分税种，核定收支，分级包干"的财政体制。1984年，"划分收支，分级包干"体制执行到期，财政体制面临新的选择。我国于1983年和1984年相继推行了第一步和第二步的"利改税"，使分配关系发生了新的变化。于是，从1985年起开始实行"划分税种，核定收支，分级包干"的办法。该预算管理体制主要有以下几个特点：第一，保留了原"分灶吃饭"体制中分级包干，"块块"为主，几年不变的办法，有利于发挥地方的积极性。第二，新体制开始以税种作为划分收入的依据，向按划分税种的体制过渡迈出了一步。第三，在照顾地方既得利益的同时，适当提高中央预算收入占全国预算收入的比重。

（3）1988~1993年，实行"多种形式包干"的财政体制。中央财政运行到20世纪80年代中后期遇到了两个较突出的问题：一是中央本级财源萎缩，中央财政连年出现赤字，宏观调控能力不足；二是上缴比例较大，留成比例较低的地区组织收入的积极性不高。为此，从1988年起，在全国分别实行了六种不同形式的财政承包制。分级包干体制使地方政府成为相对独立的利益主体，但是中央与地方的关系仍缺乏规范性和稳定性，各级财政支配的财力很大程度上取决于地方上解、中央补助或共享分成的比例和基数的高低，而这些指标的核定又缺乏客观性，人为因素的影响较大，难以避免中央与地方之间的讨价还价。同时，财政支出虽然分级包干，但缺乏明确的事权划分作为前提，结果是"包而不干"，最后矛盾集中反映为中央财政打破了统收，却实际并未打破统支的困难局面。地方承担的支出事权很不规范、很不完整，地方收支数仍由中央统一核定，尚不是完全独立的一级预算。改进的包干办法，在新增加的收入中，中央所得过少，使中央预算收入占国家预算收入的比重逐年下降，削弱了中央预算的宏观调控能力。包干制从本质上看仍未摆脱集权型的财政分配模式，没有从根本上解决中央与地方政府之间财力分配的约束机制与激励机制问题，但它与当时经济体制改革的方向是吻合的，为后来分税制财政体制的改革奠定了基础。

4. 分税制财政体制（1994年至今）

1994年我国开始了以分税制为目标模式的财政体制改革，主要内容包括：划分中央与地方政府的支出范围。中央财政主要承担国家安全、外交和中央国家机关运转所需经费，调整国民经济结构、协调地区发展、实施宏观调控所必需的支出以及由中央直接管理的事业发展支出。地方财政主要承担本地区政权机关运转所需支出以及本地区经济、事业发展所需支出。

分税制改变了原财政包干制多种体制形式并存的格局，中央与地方政府间的财政分配关系相对规范化，初步确立了分税分级财政体制的基本框架。然而分税制遗留了许多包干制的痕迹。采用基数法确定地方财政收支基数，意味着将实行财政包干体制以来形成的各地区财政负担不合理和财力分配不公平的状况固定化。由于受扩大地方既得财力的驱使，不能排除一些地方虚增收入，人为扩大地方既得财力基数。政府间事权划分不够明晰，事权错位和重叠。一是"缺位"，该管的没管起来，如对基础教育、基础科学、卫生保健、农业、社会保障等投入不足。二是"越位"，不该管的管了，如企业挖潜改造支出、企业亏损补贴、价格补贴等。特别是政府投资的范围还没有从营利性行业完全退出。三是中央政府通过法律法规规定地方政府财政资金的用途，或出台新的支出政策，弱化了地方政府的财政分配自主权，干扰地方政府的计划和财政预算的统筹平衡，影响了地方政府支出责任的实现。职权调整存在随意性和多变性，由于地方政府的职权及相应的支出责任是由中央政府授权的，中央政府也可以随时收回授予地方政府的职权，这种调整缺乏必要的程序和标准，许多措施带有应急性和临时性，很容易造成地方政府行为的短期化。同时，中央与地方之间存在的支出责任交叉错位的现象，在省以下各级地方政府间也不同程度地存在，县乡政府间支出责任划分更为模糊，现行支出分配体制的不明确性和不可预测性造成了中央预算的不确定性，也使得省和地方当局的财政筹划难以实现，影响到公共商品和服务提供的数量和质量。四是分税体制改革没有涉及政府间支出划分。财政的收入和支出是不可分割的两个方面，但此次分税制改革的重点只放在了收入方面，只注重分税分收，在支出方面没有根本性的改革，仍然维持原有的中央和地方的支出划分格局。既有中央事务要求地方政府负担或部分负担支出的现象，又有地方事务中央安排支出的情况。中央政府在为委托性事务或共同负担事务提供资金方面没有形成规范、统一的办法，拨款的确定存在随意性，对其使用效果没有监督机制，资金使用效益低下。更为重要的是，事权改革的滞后还动摇了收入划分改革的成果，因为根据事权、财权统一的原则，在事权尚不明晰的情况下进行的财权划分，显然是缺乏公正性的。地方税收体系不健全，致使现行分级财政体制的基础不稳固。分税制虽然对中央和地方税收做出了初步划分，但是并没有形成真正独立的地方税体系，从而影响了分税制的实施效果。从近年来政府间财力分配现状看，财政收入的大部分是由地方政府征收的，财政支出的大部分也是由地方政府安排的，地方政府掌握的财力从相对量上讲可谓很大。但是，多年来所形成的国民收入分配向非政府主体倾斜的状况，致使政府财力的总体盘子偏小，而政府支持改革、支持经济社会各项事业发展的职责繁重，特别是地方政府在提供公共商品和公共服务方面承担更多的责任，因此在支出需求与财力供应之间形成尖锐矛盾。

二、现行财政转移支付制度现状及缺陷

从严格以及狭义的角度上讲，中国政府间财政转移支付制度的建立是从1994年实行分税制开始的，因此这个制度的历史是短暂的。在此以前的政府间财政体制中，也存在着上级政府对下级政府的补助，但并不属于严格意义上、国际通行做法的转移支付制度。为了建立规范的转移支付制度，1995年财政部开始制定和实施过渡期转移支付办法，该办法包括一般性转移支付和民族优惠政策转移支付两部分。一般性转移支付额根据各地区标准支出、财力、收入努力不足额以及一般性转移支付系数计算确定，民族政策优惠转移支付是对民族地区在享受一般性转移支付后额外实施的照顾性转移支付。2002年过渡期转移支付办法改为一般性转移支付。其基本做法是根据客观因素计算确定各地区的

标准财政收入和标准财政支出，将其作为财政转移支付的分配依据。一般性转移支付的数量逐年增加，由1995年的21亿元增加到2002年的279亿元。另外，为了配合工资政策调整、农村税费制度改革、西部大开发战略以及生态保护，中央财政安排了对部分地方政府的转移支付，这些转移支付与一般性转移支付一起被称为中央财政对地方财政的财力转移支付。为配合中央宏观政策的实施，设立了专项转移支付，用于对地方基础设施建设、天然林保护工程、贫困地区义务教育工程等专项拨款。

现行转移支付具有明显的双轨制特征。与国外政府间的转移支付主要是财政资金从上级政府转移到下级政府不同，我国转移支付制度的一个明显的特点就是政府间财政资金的转移是双向的，即一方面地方政府通过上解的形式向中央政府转移资金，另一方面中央政府则通过下拨的方式向地方政府转移财政资金。我国的转移支付中，有条件拨款约占20%，80%属于无条件拨款性质，其中中央对地方的税收返还又占无条件拨款的80%左右。过渡期转移支付制度存在一些缺陷，主要体现在政策目标定位不明，居于主导地位的税收返还是在充分照顾各地区既得利益的基础上，按照以来源地为基础的原则进行分配，采取"基数法"加"增长率"的办法，既不与均等化目标相联系，也不与中央政府的其他特定政策目标相联系，不仅没有解决地区均等化问题，反而进一步强化了地方固有的利益格局。相当一部分专项转移支付也未与中央政府的特定政策目标联系起来。在实行分税制的国家里，专项补助的范围一般都限定在具有明显的外溢性、需要两级或多级政府共同分担其成本费用的某些基础项目和公益事业项目之内，并按事先确定的公式和经费标准计算分配，如有变动，也需要按法定程序进行。而在我国，专项拨款的范围过宽，几乎覆盖了所有的预算支出科目，且补助的对象涉及各行各业，内容庞杂，明显属于职能越位，有违专项补助的一般原则。现行转移支付制度没能够解决政府间横向不平衡问题。1994年以后，尤其是实施西部大开发以来，12个西部省区市经济发展速度都超过了历史最好水平，但是从东西部地区之间的差距来看，其差距扩大不仅没有停止，反而呈现继续扩大的趋势。一是东西部地区的GDP增长率差距呈逐年扩大趋势，由2.54个百分点扩大到6.81个百分点、8.26个百分点、8.39个百分点。二是人均GDP增速差距拉大，西部人均GDP从1998年的498美元增加到2002年的663美元，增长33%，而同期东部人均GDP由1998年的1 212美元增加到2002

年的1 704美元，增长41%，东部增长高于西部8个百分点。三是从西部与东部人均GDP差距比值看，以西部为1，1998年的差距比值是1∶2.43，2002年扩大到1∶2.57。[①]

东西部地区基本公共服务供给差距从绝对量的分析上看在继续拉大。实施西部大开发战略以来，中央财政在基本公共服务供给方面对西部地区进行了大力扶持。2003年，西部地区的人均教育事业费支出、人均行政管理费支出和人均卫生经费支出分别为174.73元、129.31元和52.05元，分别是1999年的1.9倍、1.95倍和1.72倍[②]。西部地区与中部地区相比，在基本公共服务供给方面的人均经费支出增长得更快。但是与此同时，通过对人均教育事业费支出、人均行政管理费支出和人均卫生经费支出的地区差异进行分析，可以看出，西部地区的基本公共服务供给支出远远小于东部地区。横向不平衡的原因是，在中央政府集中的收入和转移给地方政府的收入中，具有均衡性作用的转移支付数量规模过小。中央对地方政府的税收返还数量是一般性转移支付数量的10倍以上，东部地区在全部税收返还数量中的比重占50%以上，其中增值税和消费税两税返还占52.6%，所得税基数返还占70.82%。[③] 尽管中央财政的一般性转移支付明显向中、西部地区倾斜，但是从中央财政向地方财政转移的全部财力中，经济发达的东部地区所占数量仍然具有明显优势。而深层次的制度原因及其他方面的原因在于政府职能转变尚未到位。西方各国对各级政府的事权和财权作了明确的法律规定，各级政府的事权由法律来界定，而我国1994年分税制财政体制改革是在没有对政府事权进行明确界定的情况下进行的。因此在具体事务上，上下级政府之间屡屡发生矛盾，常在应由谁负责的问题上发生纠纷，这就使转移支付项目和数额的确定难以顺利进行。省以下地方各级政府所承担的公共事务与其财力不匹配。中、西部地区和农业为主的县乡财力往往难以满足其承担的公共事务的需要。公共财政的建立刚刚起步，许多新的财政管理制度正在建立过程中。庞大的预算外资金和各种政府基金既没有全部纳入预算管理，也没有通过政府会计制度加以反映、管理和控制。在没有全面考虑预算外资金的情况下，政府间财政转移支付的数量计算可能会存在一定的误差。专项转移

---

① 李银雁：《东西部地区差距仍在扩大》，载《中国经济时报》，2004 - 11 - 19DOI：10.28427/n.cnki.njjsb.2004.001718。
②③ 迟福林：《以基本公共服务均等化为重点的中央地方关系》，载《中国经济时报》，2006 - 12 - 04（005）. DOI：10.28427/n.cnki.njjsb.2006.004959。

支付要求地方配套加重了部分地区财政负担。中央专项转移支付要求地方配套，是贯彻中央政策意图，引导地方资金投向，发挥中央专项资金的引导、示范效应，增强地方政府责任的一项重要政策，但由于专项配套政策缺乏科学的设计程序和统一政策，一些中央部门自行出台配套要求，地方存在负债配套和临时挪用其他资金配套问题，容易形成政府性债务，在一定程度上增加了地方财政风险，加重了地方财政负担。缺乏程序化、公式化的分配办法，随意性大。目前，只有过渡期财政转移支付办法在全国范围内实现了统一的公式法分配，其他转移支付形式的分配方法多，规范性差，监督机制缺失。每年几千亿元的转移支付资金到了地方之后，地方政府如何分配和使用，是否按照中央政府的政策意向来使用，使用效果如何等，都没有一套行之有效的监管制度。

三、中央与地方政府财政关系的制度变迁特征分析

我国中央与地方政府间财政关系的变革始终围绕着中央集权与地方分权的关系变化进行，可以说政府间财政关系的变迁史实际就是从集权到分权、从收权到放权的循环变化过程。

（1）中央与地方政府财政关系变迁的主线始终围绕着集权与分权的关系变化进行，其最终目的是探索和寻求适合我国国情的最佳分权模式。我国中央与地方政府间的财政关系，始终围绕着中央集权与地方分权的关系变化进行，可以说财政体制的变迁史，实际就是从集权到分权，又从分权到适度集权，寻找集权与分权最佳结合点的过程。20世纪50年代基本上属于高度集中阶段，1958年的财政体制改革是新中国成立以来的第一次财政分权，之后到60年代末仍然属于集中阶段，将1958年下放过头的权力逐渐收回，中央财政支出所占的比重总体上呈现出逐渐回升的趋势。1969年以后国家再次实行以"块块"为主的国民经济管理体制，从1971年开始实行财政收支包干体制，扩大了地方预算管理范围，当年中央财政收入所占比重萎缩到16%，1975年达到最低点11.8%。[①]这个阶段是传统体制下第二次大规模的财政分权。十一届三中全会后进行了又

---

① 项怀诚：《中国财政体制改革六十年》，载《中国财政》2009年第19期。

一轮的财政分权改革，中央与地方"分灶吃饭"，财力分配由过去"条条"为主，改为"块块"为主。"分灶吃饭"体制的实施，是迈向分级财政体制的重要一步。从1988年开始，全面推行财政承包制，运用边际增量分成的手段激励地方政府组织收入。这期间中央财政收入比重总体呈现下滑态势，由1985年的38.4%下降到1993年的22.0%。1994年进行了较为规范的财政分权改革，中央财政收入比重突破了50%。分税制体制的实施，极大地刺激了地方组织收入的积极性，再一次导致中央财政收支呈现下滑态势，到1998年中央财政收支所占比重分别降到49.5%和28.9%。①

与西方发达国家相比，中国政府间财政关系的特殊性还在于，一方面，中央与地方支出比例、中央政府公务员比重等指标以及层级管理的方式显示，中国是过度分权的国家。从中央政府对地方政府的监督管理看，省一级政府具有较大的制度裁量权，省以下各级次政府间的收支划分、转移支付体系都由省级政府确定。另一方面，中央对地方政府行为的干预又几乎涵盖经济、社会各个领域，就此而言，中国又是高度集权的国家。因而，中国政府间财政关系变迁的主线是在哪些方面、在多大程度上以及如何集权和分权，如何寻求集权与分权的最佳结合点，做到该集权的必须集权，该分权的必须分权。

（2）中央与地方政府间财政关系变革的中心是财权的划分，支出事权的划分一直未受到足够关注。纵观体制变革历史，每次体制改革都是围绕财权的集中与分散这个中心议题来展开的，而对支出事权改革触及甚少，分税制改革虽然对支出事权进行了一个粗略的框架性划分，但支出事权的格局和本质一直没有根本性的改变。这样做的原因可能在于：财权的划分更容易一些，更能在短期内收到成效，而支出事权的划分牵涉面更广，政治意味更浓厚，给予地方政府更大的支出事权可能会削弱中央各部门的权力，使权力的天平向地方倾斜，并且一旦支出事权下放给地方，中央政府就不便于再轻易地收回财政支出。其实，中央与地方财政关系变革的正确顺序应该是先确定各级政府的支出事权，再确定其匹配的财权，以建立起有效的收入体系，方能实现财权与事权的统一。支出事权的划分与财权的划分不同步，给财政体制的运行和转移支付制度的建立带来了一系列障碍。

---

① 资料来源：1986~1999年《中国财政年鉴》。

（3）中央与地方政府间财政关系的变迁实际上是一个非帕累托改进的过程。每一项财政变革新举措不可能在不减少任何当事人的福利的条件下使社会福利最大化，一部分地区财政利益的增加可能要以另一部分地区财政利益的损失为代价，而受损失地区就会为了维护自身利益出来反对，阻止新制度的创立。在旧制度下，各地区之间形成了固定的利益格局，随着政策改革，新制度的建立必将打破这种利益格局，进行利益和财富的再分配，有的地区可能会受益，有的地区可能会受损，受损者必然会千方百计阻挠变革的实施和进行。当强制性变革并不"强制"时，他们就会修正中央的变革政策，并使这种政策更适合自己实现利益最大化原则。修正的具体方法包括层层截留、曲解规则、补充文件、改头换面等。任何一项新制度的实施都是有成本的。在我国的改革中，中央限于财力因素，一般把新的财政制度安排的实施成本转移给地方，而地方政府作为经济人会从成本—收益角度对新制度安排作出调整，使地方利益最大化。由此可见，地方政府作为中央政策的实施机构，本身都是理性的个体，他们的利益不可能与中央完全吻合。

（4）中央与地方围绕财政利益博弈的特征十分明显。在计划经济体制下，地方政府只是行政等级制中的一级组织，既没有独立的财政利益，也没有相应可供控制的社会资源，更谈不上有自己独立的支出事权及配套的财权，地方政府在权力和利益方面处于明显的从属地位。一切重大决策均由中央做出，地方政府是一个被动的客体和传导中央指令的中介，只是按照中央政府赋予的权力去实现国家整体利益。此时，地方政府并不具备与中央政府讨价还价的能力，从而也就不存在中央与地方的利益博弈。随着我国经济体制改革的不断深化，我国的财政体制也经历了种种变化，从计划体制下的中央统收统支，过渡到财政包干制，到目前的分税制，即中央下达相应的财权和事权给地方，赋予地方一定程度的自主性，在此过程中，实现中央与地方财政自收自支，自求平衡。由此，地方利益逐渐明确，各级政府逐渐转变为相对独立的经济利益主体，具有独立的经济利益函数。于是地方政府的利益主体地位日渐突出，具备了与中央政府讨价还价的能力，进而成为独立的利益博弈主体。

改革开放以来，中央在下放权力的同时，缺乏对中央与地方事权的明确划分和严格界定，也缺乏对市场发育的充分估计，忽视构建权力和利益的约束机制，致使地方政府的经济行为以自身利益为导向，表现出对内的开放性和对外的排他性等特征。为此，地方政府除采取一些正常的手段外，还利用行政权力构筑壁垒，结果导致各地区之间的以争夺资源为主要内容的"资源大战"的爆发和地方保护主义的存在。地方政府的这种行为并非源于分权，而是因为分权的不规范。从改革前后我国财政体制的变迁中可以看出，地方势力的兴起乃至拥有足够的资本与中央政府进行讨价还价，有着符合逻辑演变关系的内在机理，与分权化体制的改革有着直接的联系。

关于这一点，在第四章将作进一步的分析。当然，这一被经济学家称为"财政联邦主义"的分税制改革，其中暗含的一个逻辑前提就是承认地方利益确实存在。但是，分权产生了一系列的混乱和失范。之所以没有出现失控现象，是因为中国的政治、社会结构保证了国家对社会的有效控制。

（5）中央与地方政府间财政关系缺乏法律支撑。尽管政府间的这种博弈行为是理性的，但这种理性所导致的结果并不是体制改革设计者所期望的。其原因在于体制变迁的过程中缺少制度框架对各级政府的行为进行约束，财政体制的法制化程度不高。我国的财政体制经历了多次的反复变动，1950～2002年的52年间，至少变动了19次，平均不到三年就变动一次，一直到现在也没有形成一个稳定的中央与地方的财政关系。改革开放以来，我国中央与地方支出事权划分的特征表现为采取行政性分权模式进行单一的行政放权，这种模式与法治性分权模式相对应，构成性质和表征相异的两类分权模式。行政性分权模式在性质上是行政区性的而非法制性的，是相对主观随意性的而非制度性和科学性的；在划分依据上，是以政策文件为主要依据和手段的，而非以宪法、法律为依据和手段的；在划分主体上，是以行政机关自身为主体的，而非以独立的第三方（如立法机关）为主体的；在划分内容上，是以行政放权为主的，而非全面性的系统分权；在划分方法上，是多级同构式的，而非依中央和地方政府应提供的公共商品的范围来划分的，等等。这就造成我国在现实层面分权程度可能比较高，但在法律制度层面的分权程度并不很高。财政体制的反复变动导致交易费用的增加，中央和地方政府由于缺少稳定的法律关系，要在信息搜集、基数谈判上消耗更多的成本。多变的财政体制还可能导致"财政寻租"活动。财政体制改革就是利益的重新分配过程，地方政府为了不受损失甚至增加收益，进行游说、寻租。这种情况在财政体制多变、中央与地方进行一对一谈判时可能会更为普遍。制度变迁为寻租活动提供了更多的机会，预算体制的频繁变动，也无疑增加了寻租的可能性。

另外，体制的反复变动还会导致出现纳什均衡。无论是中央政府还是地方政府，各自享有的权利与承担的责任都应该用法律的形式固定下来，并保持相对稳定。

在中国这样一个大国，中央与地方政府间财政关系的变迁，政策目标函数与约束条件的差异决定了其复杂性。中国在处理政府间财政关系时，不能不足够充分地考虑历史的惯性作用、多元文化结构、多民族共存、多层级政府架构、差异悬殊的自然禀赋、非均衡的人力资源分布、众多的人口与辽阔的幅员等特殊的国情因素。

第二节　教育事权与支出责任划分制度变迁

一、我国公共教育支出的历程

支出责任是政府履行财政事权的支出义务和保障，我国公共教育支出经历了封建时代"官学"的发展、民国义务教育的萌芽、新中国成立至改革开放前高度集中的教育财政体制、改革开放至20世纪90年代初期多方筹措教育经费、分税制改革至今的中央与地方合作体制五大阶段。

（一）封建时代"官学"的发展

从我国历史来看，政府作为教育的供给主体由来已久，这是由教育的属性所决定的。把教育经费列为政府支出，既是政府履行职能的需要，也是政府发展社会、管理大众的需要。

秦统一六国后，采取了"禁私学、以吏为师"的政策，焚毁书籍，禁止言论，摧毁私学存在的基础，在各乡设置"三老"，专门负责掌管地方教化工作，

"三老"是当时最基层的乡官。

汉武帝执政时，开始兴办太学，成为当时的"国立大学"，国家直接操纵教育大权，决定人才的培养目标，成为独尊儒术的手段之一。太学的设立，是中国封建教育史上的一件大事，以后历朝历代都依此设立。汉代的中央官学除太学外，还有官邸学——贵胄学校和宫廷学校。

唐代社会安定、经济发展、国力强盛，确立了相当完备的教育制度。唐代的官学规定地方政府有府学、州有州学、县有县学，初步确立分级办学、分级管理的教育行政体制，以后官学都分为中央官学和地方官学。

宋代的官学既有大学、小学，还有介于两者之间的中等学校；既有普通学校，也有专门学校，还有贵胄学校。始于宋仁宗时期的学田制度，开地方拓展办学经费的先河，学田由学校独立经营，以充教学经费，这一制度为元、明、清地方官学所沿用。

清代的官学制度主要沿袭自明代，分为中央官学和地方官学两大体系，官学系统单一而完整，少数民族教育受到重视，乡村教育更加广泛和普及。

（二）民国义务教育的萌芽

清末民初是中国教育急剧变革的时期。1906年废除科举制度，引进新式学制，政府开始尝试优化教育资源配置的政策措施，并把有限的教育资源从落后的乡村转至城市，从普及基础教育转而优先发展高等教育，形成一种畸形的教育投入。

中华民国成立后，1912~1913年间，民国政府教育部颁行壬子—癸丑学制，首次以国家政策的形式提出了四年义务教育的目标，标志着教育投入开始在基础教育和高等教育之间寻求平衡，奠定了我国现代教育体系的基础。

1935年，国民政府开始拨付义务教育补助经费，并规定各省市依照教育部规定之数额自行筹足。1929~1936年间，我国义务教育经费从6 416万元上升到11 863万元，接受义务教育的儿童增多。[①] 民国时期，政府部门多次颁布"捐资兴学褒奖条例"，鼓励"人民以私财创立学校或捐入学校"。据统计，1929~1938年，捐资兴学的人数达636人，捐资总额达3 232万元。[②]

---

①② 商丽浩、田正平：《中国教育财政制度近代化的历史走向》，载《教育研究》2001年第4期。

（三）新中国成立至改革开放前：高度集中的教育财政体制

1949年，新中国成立不久，中央人民政府就成立了教育部。1952年，教育部发布《关于接办私立中小学的指标》，政府接管全部私立中小学，改为公立。1956年，全面完成公立化，并提出在年内普及小学义务教育的目标，但因"文革"影响未能实现。新中国成立之初，实行高度集中的财政体制，教育经费列入国家预算，统一领导、分级管理。我国对教育采用统一列支、高度集中的财政管理体制，按中央、大行政区、省市三级统包教育经费，由财政统一列支。1952年，教育部颁布了《中学暂行规程（草案）》《小学暂行规程（草案）》，规定了中学和小学的支出标准、经费使用和责任主体等。1953年《关于年度"教育支出"预算的联合通知》进一步完善了这两个草案，形成中央、大行政区、省、县四级教育经费管理体制，大行政区撤销后，实际是三级管理体制，初步构建了新中国的教育财政管理体制。

（四）改革开放至20世纪90年代初期：多方筹措教育经费

1980年，为适应"划分收支、分级包干"的财政管理体制，教育财政也进行了相应的改革，财政部对教育开始试行"预算包干"的办法，打破了教育财政由中央投入的单格局。基础教育的事权交到地方，中小学经费完全由各省区市政府提供，对地方普通教育实行专项补助。在地方财力不足的情况下，为拓展基础教育的资金来源，1980年、1984年和1986年，我国陆续颁布了《关于普及小学教育若干问题的决议》《关于筹措农村学校办学经费的通知》《征收教育附加费的暂行规定》等，向社会筹集资金。当时，为改变农村教育经费不足的状况，国务院要求基础教育实行"分级管理、以乡为主"的管理办法，通过征收农村教育附加费来筹措资金。1986年颁布《中华人民共和国义务教育法》，1992年颁布《义务教育法实施细则》，以法律的形式明确我国实施九年制义务教育，并逐渐形成了多渠道筹资、地方负责、分级管理的义务教育财政体制。

对于高等教育，1980年以前，经费投入由中央统一划拨，中央和地方分级管理、分级安排使用。1980年财政体制改革后，教育部发出《关于实施新财政体制后教育经费安排问题的建议》，规定高等教育拨款由中央和地方"切块"安排，中央只负责中央一级院校的经费，全国各省市地方院校所需经费由省级财政部门按照计划拨款。地方高等教育的管理权和支出责任移交给地方政府，调动了地方政府办教育的积极性，也造成了全国高等教育发展的地区性不均衡，经济欠发达地区高等教育投入比经济发达地区低一半以上。原国家教委、财政部在《关于加强普通教育经费管理的规定》中要求：各级财政、教育部门在指定教育经费预算时，应根据地方财力逐步推行定额加专项的办法。1989年起，我国开始实行高等学校收费制度，学杂费在教育总经费中的占比迅速增长。个人、社会投入逐渐成为高等教育经费的重要来源，形成与国家财政性高等教育经费平分天下的新格局。

1993年，《中国教育改革和发展纲要》明确："改变政府包揽办学的格局，逐步建立以政府办学为主体，社会各界力量共同办学的体制"，在我国逐步建立"以国家财政拨款为主，辅之以用于教育的税费征收、校办产业收入、社会捐助、集资和设立教育基金等多渠道筹措教育经费的新体制"。这些内容在1995年的《中华人民共和国教育法》（以下简称《教育法》）中以法律的形式明确。同时，确立"国家财政性教育经费支出占的比例要在20世纪末达到4%"的目标，这一目标于2012年才实现，当年国家财政性教育经费支出占的比例达4.28%。

（五）分税制改革至今：中央与地方合作体制

1994年分税制改革后，我国初步建立了地方税体系，不同层级财政分别投入各级各类教育及学校，这一阶段属于中央与地方合作的教育财政体制，适应了我国幅员辽阔、地区差异大的国情，一定程度上激发了地方和各级学校的办学积极性。

这些年，学杂费在教育总收入中比重也呈变化趋势。从全国教育经费的来源结构来看，我国可以分为两个阶段：第一个阶段是1992~2005年，学杂费在教育总投入中所占比例不断上升，从5%提升到18%；此相对应的是，这一时期我国财政性教育经费所占比例不断下降，从1992年的84%下降到2005年的61%。这个阶段经历了教育市场化程度不断提高的过程，教育经费筹集渠道日益多元化，也可以视为公众为教育承担了较多支出责任和成本。第二个阶段是2006年《中华人民共和国义务教育法》修订以来，各级政府特别是中央政府加大了对义务教育的投入力度，财政性投入在整个教育总经费中的比例呈现缓慢上升的趋势，个人承担的教育费用减少，学杂费在教育总投入中的比例从2005

年的18%下降到2011年的13.9%，财政性教育经费占比2011年回升到77.78%。政府在农村义务教育经费方面几乎承担了全部支出责任，体现了义务教育的公共支出功能。2004年，教育部正式提出建立与公共财政体制相适应的教育财政制度。我国2002~2012年教育经费执行情况见表2-1。

表2-1　　　　　　　　2002~2012年教育经费执行情况

年份	全国教育经费（亿元）	同比增长（%）	财政性教育经费（亿元）	同比增长（%）	财政性教育经费占GDP比例（%）
2002	5 480.03	18.16	3 491.40	15.21	2.90
2003	6 208.27	13.29	3 850.62	10.29	2.84
2004	7 242.6	16.66	4 465.62	15.98	2.79
2005	8 418.84	16.24	5 161.08	15.57	2.82
2006	9 815.3	16.59	6 348.36	23.00	3.00
2007	12 148.07	23.77	8 280.21	30.43	3.22
2008	14 500.74	19.37	10 449.63	26.20	3.48
2009	16 502.71	13.81	12 231.09	17.05	3.59
2010	19 561.85	18.54	14 670.07	19.94	3.66
2011	23 869.29	22.02	18 586.70	26.70	3.93
2012	27 695.97	16.03	22 236.23	19.64	4.28

资料来源：历年《中国教育经费统计年鉴》。

按现行体制和政策安排，我国教育的事权和支出责任中央和地方政府都有，但主要在地方。教育管理上强调省级统筹，但并没有明确的细则。各级政府的教育支出结构为：基础教育投资以地方政府为主，中央和省级通过转移专项基金形式进行补助；高等教育实行中央和省两级管理、以省为主的体制。

国家财政性教育经费"十一五"期间年均增长21.58%，与此同时，GDP年均增长率为11.2%、国家财政收入年均增长21.3%，公共教育支出增长快于GDP和国家财政收入的增长。2012年，国家财政性教育经费支出约为22 236亿元，占GDP比例约为4.28%，这是我国财政性教育经费占GDP的比例首次突破

4%，成为中国教育史上的重要里程碑；2012年，财政性教育支出占公共财政支出的比例达到16.13%，成为公共财政第一大支出。中央财政对教育的投入重点包括支持学前教育加快发展、进一步提高农村义务教育经费保障水平、支持改善普通高中办学条件、加强职业教育基础能力建设、推进高等学校内涵式发展、全面落实国家资助家庭经济困难学生政策、促进教育公平等方面。

据统计，"十一五"期间，我国学校数量总体呈下降趋势，2010年有53万所学校，年平均下降4.42%，学生人数略有上升，年均增长0.28%，2010年学生人数3.2亿多人。普通小学校数、在校生数、毕业生数逐年减少；普通初中校数、招生数、在校生数和师生比逐年降低；普通高中在校生人数和毛入学率稳步增长；中等职业教育学校数减少，在校生数等增加，师生比为25.69，比2006年提高了3.04；普通高等学校数、招生数和在校生人数持续增加。在确定我国公共教育支出水平时，应考虑学校数量和人口结构变化等因素的影响。[①]

从我国公共教育支出发展来看，其总量与经济发展的阶段与水平是基本适应的，目前主要是投入结构和地区不均等的问题，教育投入对经济增长和社会就业的作用发挥得还不够充分。以下分类介绍政府在不同教育阶段的事权和支出责任。

二、义务教育的发展

按照深化教育体制机制改革的总体要求，从义务教育、非义务教育两个方面，划分教育领域财政事权和支出责任。

（一）从"人民教育人民办"到中央与地方共担

改革开放后，地方政府尤其是省以下支出责任没有法定财力予以保障，公共教育支出主要依靠本地财源。分税制改革后，由于地区经济发展不平衡，各地对公共教育资金投入不一，义务教育地区间差距较大。当时提出了"人民教育人民办"的口号，2000年，政府只承担了农村义务教育一半的经费，其他由

---

① 《中国教育事业统计年鉴》，人民教育出版社2011年版。

农民支出，农民成为农村基础教育支出的主体。农村小学、初中基本上由乡镇管理，有的由村管理。税费改革后，由于不允许集资、取消三提五统，随着财权上移和农村税费改革的推进，乡镇基层财政无力承担农村基础教育支出责任，出现了拖欠教师工资、校舍危房等问题。当时为应急，中央和省级财政设置了若干教育类专项转移支付。

2001年5月，国务院颁布《关于基础教育改革与发展的决定》，重申各级政府对教育的责任，强调县级政府对农村义务教育的管理和支出责任。2003年9月，国务院发布《关于进一步加强农村教育工作的决定》，要求落实农村义务教育"以县为主"的管理体制，加大投入，完善经费保障机制，建立健全扶持农村家庭经济困难学生接受义务教育的助学制度。中央通过义务教育专项转移支付和一般性财政转移支付支持农村教育事业发展，但由于县级财力有限，义务教育经费仍难以保障。

我国从2006年1月1日起取消农业税，为解决因此造成的农村义务教育经费保障不足的问题，2005年12月24日，国务院印发《关于深化农村义务教育经费保障机制改革的通知》，要求采用中央与地方共担的方式，增强中央政府对公共教育的支出责任，以解决农村义务教育经费问题。主要包括以下内容：

一是解决公用经费运转，制定定额标准，当时是小学生均经费300元、初中生均经费500元。农村中小学预算内生均公用经费拨款标准所需资金，由中央和地方政府按照免学杂费资金的分担比例共同承担。

二是全部免除杂费，由中央与地方分担，与省级政府算账，分省核定比例，省级再对下算账。免学杂费资金由中央和地方按比例分担，西部地区为8:2，中部地区为6:4；东部地区除直辖市外，按照财力状况分省确定。

三是对学校的危房改造取消临时和应急性专项，列入教育费附加安排的支出。资金到省级，不管具体项目，中央根据农村义务教育阶段中小学在校生人数和校舍生均面积、使用年限、单位造价等因素，分省（区、市）测定每年校舍维修改造所需资金，由中央和地方按照5:5比例共同承担。对东部地区，农村义务教育阶段中小学校舍维修改造所需资金主要由地方自行负担，中央根据其财力状况以及校舍维修改造成效等情况，给予适当奖励。

四是教科书全部免费，由中央财政出钱。

五是针对撤点并校后农村寄宿制学校带来的问题，对家庭贫困的学生给予生活补助。

通过以上五个方面，中央财政拿出近900亿元，基本解决了农村义务教育经费不足等问题。中央政府在农村义务教育中发挥了越来越大的作用，改变了义务教育由县、乡基层政府承担支出责任的状况。这些政策出台后，受到地方政府的欢迎。2006年修订通过的《中华人民共和国义务教育法》，为合理划分各级政府的义务教育支出责任提供了法律依据。2008年从秋季学期起，我国又免除城市义务教育阶段学生学杂费，全面实行城乡免费义务教育。

王蓉（2006）认为，1995～2006年，中央政府对基础教育的专项资金支持具有以下特点：一是专项以地理性单位县域界定资助目标，明确要促进贫困地区、少数民族地区和边疆地区"普九"；二是教育专项的主体组成部分是一些大的、周期性的项目，不是以平衡经常性教育事业性经费为目的，而是以集中解决农村义务教育的急迫问题为目的；三是改善办学条件是中央资金支持的重点。

"十一五"期间，东部地区义务教育生均公共财政预算公用经费在全国水平最高，中部地区水平最低，但中部地区年均增幅最大，达到47.91%。2010年生均经费最高的北京，为6 627.62元；最低的为中部地区的江西，812.18元。[①]

（二）人口流动中的义务教育

随着城镇化的发展，大量农民进城务工，父母不在身边的"留守儿童"和农民工进城"随迁子女"成为我国义务教育推进中的独特现象。根据《2012年全国教育发展统计公报》，我国小学和初中教育阶段，农村有2 271.07万留守儿童、城市有1 393.87万"随迁子女"。近年，我国农村义务教育就读人数大幅下降，2006年有1.5亿学生，到2012年不足1.2亿人。据测算，我国流动人口规模大约在1.5亿～2亿人之间，18岁以下流动人口至少在2 000万人。据统计，2011年义务教育阶段进城务工人员随迁子女约1 260万人，占城市义务教育阶段学生的36.6%，北京、上海、广州等特大城市成为农民工随迁子女最集中的地区。[②]

1996年4月，原国家教委制定了《城镇流动人口中儿童少年就学暂行办法

---

① 教育部财务司、国家统计局社会和科技统计司：《中国教育经费统计年鉴》，2007～2011年。
② 教育部、国家统计局、财政部：《全国教育经费执行情况统计公告》，2006～2010年。

试行》，提出解决流动人口中适龄儿童、少年的就学问题是政府、学校和家庭义不容辞的责任。1998 年 3 月，原国家教委、公安部发布了《流动儿童少年就学暂行办法》，强调流入地政府应创造条件，为流动儿童少年提供接受义务教育的机会。同时，要求流动儿童少年常住户籍所在地人民政府严格控制义务教育阶段适龄儿童少年外流，凡常住户籍所在地有监护条件的，应在常住户籍所在地接受义务教育。2001 年 5 月，国务院出台《基础教育改革与发展的决定》，确定流动儿童教育以流入地政府管理为主和以全日制、公立中小学为主的"两为主"原则。2003 年 9 月，国办转发《关于进一步做好进城务工就业农民子女义务教育工作意见》，重申了"两为主"的方针，并提出，流入地政府对进城务工农民子女接受义务教育的收费，要与当地学生一视同仁。2004 年 3 月，有关部门下发《关于进一步做好改善农民进城就业环境工作的通知》，要求对农民工子女到公立学校上学，不再收取借读费、择校费等费用。2006 年 6 月修订的《中华人民共和国义务教育法》（以下简称《义务教育法》）规定适龄儿童、少年"在其父母或者其他法定监护工作或者居住地接受义务教育的，当地人民政府应当为其提供平等接受义务教育的条件。具体办法由省、自治区、直辖市规定"。

由于"两为主"的政策过于粗放，迁入地政府和教育部门对解决随迁农民工子女教育问题缺乏内在激励和外部监督，这一政策实施效果不佳。[①]

（三）义务教育的"择校"

对公立学校的"择校"行为对义务教育争议较大。我国对城镇义务教育阶段学生入学，政府的基本政策是根据学校划分的片区，学生就近入学。由于学校间教学质量、设施差距较大，一些学生家长放弃政府指定的对口学校，主动选择到其他公立学校就读，择校往往需要缴纳择校费等。对此，教育部规定："坚持义务教育阶段公办学校不招'择校生'，并对义务教育阶段的择校进行疏导"，但择校现象愈演愈烈。

对这一问题争议的焦点并不是该不该择校，而是公共教育支出超出了社会和个人的基本需要，形成公共教育的高消费，反映了公共教育资源的分配不公，体现出政府在公共教育支出中对自身职能认识不清，与市场边界不清。应该进

---

① 王蓉：《中国教育财政政策咨询报告（2005~2010）》，教育科学出版社 2010 年版，第 75~76 页。

一步明确：公共教育支出保障的是基本教育需求，而义务教育阶段的高端服务需求应通过市场、社会来提供。

三、非义务教育

（一）学前教育

1983年，教育部在《关于发展农村幼儿教育的几点意见》中，首次对幼儿教育专项经费作出规定："各级教育行政部门应在发放教育事业经费中列幼儿教育专项。教育基建投资也应包括幼儿教育项目，以保证教育部门办园有计划地发展。在有条件的地方，地方财政还应对农村幼教事业给予适当补助"。

1987年，国办转发《关于明确幼儿教育事业领导管理职责分工的请示》，将学前教育归口教育部门管理，突出了学前教育"教育"的性质，学前教育经费由原来主要归口妇联改为由教育部门管理，相关职能也发生了变化。

1988年，国办转发的《关于加强幼儿教育工作的意见》规定，幼儿教育经费要"坚持实行'地方负责，分级管理'和各有关部门分工负责的原则"。2003年，国办转发《关于幼儿教育改革与发展的指导意见》，首次明确政府对学前教育的事权和支出责任，提出："坚持实行地方负责，分级管理和有关部门分工负责的幼儿教育管理体制。国家制定有关幼儿教育的法规、方针、政策及发展规划；省级和地（市）级人民政府负责本行政区域幼儿教育工作，统筹制定幼儿教育的发展规划，因地制宜地制定相关政策并组织实施，积极扶持农村及老少边穷地区的幼儿教育工作，促进幼儿教育事业均衡发展；县级人民政府负责本行政区域幼儿教育的规划、布局调整、公办幼儿园的建设和各类幼儿园的管理，负责管理幼儿园园长、教师，指导教育教学工作；城市街道办事处配合有关部门制定本辖区幼儿教育的发展计划，负责宣传科学育儿知识、指导家庭幼儿教育、提供活动场所和设备、设施，筹措经费，组织志愿者开展义务服务；乡（镇）人民政府承担发展农村幼儿教育的责任，负责举办乡（镇）中心幼儿园，筹措经费，改善办园条件；要发挥村民自治组织在发展幼儿教育中的作用，开展多种形式的早期教育和对家庭幼儿教育的指导。"我国学前教育经费一直包含在义务教育经费中，没有单独预算，各级都没有学前教育的专项经费。

横向上，学前教育实行由教育部门主管、其他部门分工合作的管理体制。我国各类托幼机构由于行政隶属关系不同，归属不同部门，办园水平参差不齐。学前教育财政投入资金分散，国家拨付的有限经费由妇联、教育、卫生等多个部门条条下达。同时，我国学前教育由主体和辅助两部分构成，主体部分是由财政部门向教育部门划拨的经费；辅助部分是国家允许各类非教育部门，如各机关、部队、企事业单位等以职工福利形式创办的附属托幼机构，管理分散，资源整合困难。

《中国教育经费统计年鉴2012》将幼儿园分为中央属幼儿园、地方幼儿园、农村幼儿园、地方农村幼儿园等几类。2011年，我国幼儿园经费总收入为1 018.6亿元，国家财政性教育经费为415.7亿元，在总经费中的占比约为41%；学杂费4 922.7亿元，约占48%。民办学校中举办者投入29.2亿元，约占2.9%；社会捐赠仅5亿多元，约占0.5%。可见，我国学前教育经费主要由财政性支出和幼儿家庭负担为主，调动民间力量办学十分不足。

（二）职业教育

我国职业教育存在多头管理、条块分割等问题，由教育部门管理中职、高职院校，人社部门管理技术、技师学院，经信部门负责职工培训，一些部门还办有行业性的职业院校，各自为战，职能交叉、权责不清问题突出。同时，职业教育由于实践多、耗材多，办学成本是普通本科学校的3倍左右，而财政投入机制正好相反，普通本科生均经费1.2万元，高职学校生均经费仅四五千元。一些汽车维修专业学生使用报废多年的旧车学习，学了也白学，因为社会上已经没有这种车可修了。职业教育缺乏吸引力，只有上普通高中、上大学无望的人才会选择职业教育，职业教育招生难。为争夺生源，一些学校招一名学生要花费500元。如果这种状况得不到根本改变，缺乏高层次应用型人才将成为阻碍我国经济转型升级的一大难题。

我国现已明确提出，公共教育投入要重点向农村教育、职业教育、学前教育等薄弱环节倾斜。从职业教育的外部性来看，职业教育应以个人和企业投入为主，因为企业是用人单位，调动它们积极参与职业教育人才的培养，不仅能解决企业的人才瓶颈，而且能解决职教学生的就业出路，这方面，我国可借鉴德国等实行的双元职业教育模式,使企业、行业协会等更多参与到职业教育中来。

(三) 高中教育

高中教育是义务教育和高等教育的衔接点。目前高中教育投入主体为市县级政府,省级每年对普通高中有一部分专项投入,但金额较少。一些高中扩大办学规模,由于政府投入和自有资金不足,借款、贷款、集资和社会融资成为高中学校建设主要资金来源。据辽宁省教育厅介绍,到2012年底,辽宁省400多所高中有87所有负债,负债总额达14.6亿元。我国没有制定普通高中学校生均公用经费拨款标准,学费也是10多年前的标准,高中成为各教育阶段中较薄弱的环节。教育部等要求"在3年内取消公办普通高中招收择校生",这给不少学校带来收入损失。

(四) 高等教育

新中国成立以后相当长一段时期,政府一直是我国高等教育唯一的投入主体,当时除政府拨款外,经费来源主要是部分学校收取的少量学杂费。1985年《中共中央关于教育体制改革的决定》明确提出高校两种收费来源:一是委托培养生与自费生收费;二是高校可以"与外单位合作,进行科学研究和技术开发,建立教学、科研、生产联合体",这是高校创收的最初形态。

1993年,国务院批转《国家教委关于加快改革和积极发展普通高等教育意见的通知》,明确在高等教育经费投入上,要"逐步建立财政拨款为主、多渠道筹措经费的投资体制","高等教育管理体制改革的方向是,逐步实行中央与省(自治区、直辖市)两级管理、两级负责为主的管理体制",随后明确了"谁举办、谁出资"的支出责任。1998年,随着中央部门所属93所普通高校和72所成人高校及中等职业学校划转给地方,两级办学的体制得以深化。1999年以来,大批地方中等职业教育学校升格为高等学校,大量地市级政府承担了这些高校的部分经费,我国高校呈现"三级办学、三级负担"的财政投入体制。

1993年颁布的《中国教育改革与发展纲要》提出,"要逐步建立以国家财政拨款为主,辅之以征收用于教育的税费、收取非义务教育阶段学生学杂费、校办产业收入,社会捐资和设立教育基金等多种渠道筹措教育经费的体制。"1998 年的《中华人民共和国高等教育法》中以法律的形式确立了高校的经费来源，"财、税、费、产、社、基"的高等教育经费多元化筹资体制，沿用至今。

对高等教育，我国从 1993 年开始收费并轨改革试点。1996 年《高等学校收费管理暂行办法》提出，高等教育属于非义务教育阶段，学校依据国家有关规定，向学生收取学费。学费标准根据年生均教育培养成本的一定比例确定。不同地区、不同专业、不同层次学校的学费标准可以有所区别。在现阶段，高等学校学费占年生均教育培养成本的比例最高不得超过 25%，具体比例必须根据经济发展状况和群众承受能力分步调整到位。1997 年，我国取消了本专科教育阶段公费生和自费生并存的局面，除特殊学科和专业外，全国高等教育普遍实行了收费制。收费实行中央、省两级管理，国家规定范围内的学费标准审批权限在省级人民政府，由财政、物价、教育部门共同承办。与此同时，高校也形成"奖、助、贷、勤、补、减"等构成的学生综合资助模式。

目前，高等教育新增经费多通过项目等方式进行分配，1995 年、1999 年、2012 年分别启动了"211"工程、"985"工程和"2011 计划"，在定额之外对高校特别是重点高校进行专项投入，提升学校的综合实力和创新能力等。地方政府也设立了种类繁多的类似项目。

中央和地方两级高等教育子系统并存、兼有公立和民办属性的独立学院办学模式，是中国高等教育的一大特色。地方普通高校约占高等教育总规模的95%，是实现高等教育大众化的主要力量。中央普通高校录取分数线高、科研任务重，体现了精英教育的特点。

（五）民办教育

我国从 2003 年 9 月 1 日起正式实施《中华人民共和国民办教育促进法》，提出"出资人可以从办学结余中取得合理回报"，为民办教育的发展奠定了良好的基础。2004 年的《民办教育促进法实施条例》将民办教育分为两类，要求合理回报的民办教育、捐资举办和不要求合理回报的民办学校，分别采取不同的管理措施。2012 年，教育部印发《关于鼓励和引导民间资金进入教育领域促进民办教育健康发展的实施意见》。

根据教育部发布的《2011 年全国教育事业发展统计公报》，我国民办幼儿园在园人数占全国在园人数的近50%，也占民办教育全部在校生的50%，学前教育成为民办教育的主体。

我国民办教育经费在教育总经费中的占比在近20年经历了两个阶段的变化：从1993年占0.31%提升到2006年的5.37%，民办教育占比升至最高点；此后，民办教育占比不断下降，2011年占教育总经费的0.47%。这既表明政府近年加大了教育投入，也反映政府在调动社会力量办学方面的不足。特别是在基础教育阶段，民办教育承担了义务教育的职责，但却没有受到相应的资助。民办教育发展现状见表2-2。

表2-2　　　　　　　　　2012年我国民办教育发展现状

教育类型		在校学生人数（万人）	学校数量（所）
幼儿园		1 852.74	124 600
普通中学		597.85	5 213
普通初中		451.41	4 333
普通高中		234.96	2 371
中等职业教育		240.88	2 649
高校	硕士研究生	0.0155	707
	本科	341.23	
	专科	191.94	
自考助学、预科生、进修及培训学生		22.04	
非学历高等教育		82.82	823
其他民办培训机构		860.64	20 155

资料来源：根据教育部《2012年全国教育事业发展统计公报》整理而成。

借鉴国外经验，我国局部地区试行了教育券制度，教育券是促进民办教育发展的一个措施。如浙江省长兴县对在指定民办中小学就读的长兴籍义务教育阶段的中小学生，每人一次性发放500元的教育券，用于充抵学费。与长兴县财政对义务教育阶段公办学校学生每年1 000元的补贴相比，教育券对民办教育的补助还存在一定的差距，但它毕竟赋予学生更多选择权，也促进了民办教育的发展。

第三节　教育事权与支出责任划分制度框架

政府间事权和支出责任的划分涉及一系列方式、方法的选择，的确是一个技术性问题，但其并非仅仅是一个技术性问题。科学、规范、合理的政府间事权和支出责任划分离不开特定的制度基础和制度保障。如果忽视制度因素的重要性，即便设计出合适的政府间事权和支出责任划分方案，在实践中也难以贯彻落实；即便可以勉强贯彻实施，在具体的推行过程中也会走样。中国财政科学研究院调研组发现，临时性政策导致的支出责任承担问题及上级事权由下级政府承担支出责任的问题应引起重视。比如天津市的煤改清洁能源项目，虽然事关整个区域的生态环境保护，理应由市级财政承担主要支出责任，但天津市本级承担的并不多，主要的支出责任由区级财政承担，由此加剧了基层财政困难并可能引发基层财政风险；区级财政并不需要承担支出责任的武警和消防支出，区级财政每年也要拿出一大笔资金（中国财政科学研究院，2017）。这表明包括政府间事权和支出责任划分在内的财政分权并不仅仅是技术性问题，其需要通过设计、制定合适的制度来约束、规范有关主体的行为，才能实现协调运作，但目前的研究对此并未给予足够重视，而把主要精力用于研究政府间事权和支出责任划分的方式、方法上。目前的研究在一定程度上还残留着第一代财政联邦制理论的痕迹，侧重研究政府间分权的方式、方法等技术性问题。第一代财政联邦制理论"以一般的方式奠定了一个有关财政职能在不同级次政府间的划分以及适用于履行这些职能的财政工具的规范框架"（Oates，1998），但第二代财政联邦制主义更多地侧重于制度研究，其提出了联邦制需要解决的两个制度设计难题：一是要有效阻止中央政府忽略较低级政府过于集权而破坏联邦制；二是要有效阻止组成单位通过"搭便车"和其他不合作行为过于分权而破坏联邦制（钱颖一、温格斯特，2003）。其强调联邦制作为一种制度必须能够自我实施。这对研究新形势下政府间事权和支出责任划分问题是有启示和借鉴意义的。从国际间横向比较可以发现，无论是联邦制国家还是单一制国家，其联邦或中央政府支出占总支出比重均高于中国（马海涛、任强，2015），而且随着时间推移，我国中央支出所占比重在逐渐下降（马万里，2018）。

政府间事权和支出责任的划分是个技术性问题，确实需要提出政府间事权和支出责任划分的具体方式、方法，但其并不仅仅是技术性问题，还是严格意义上的制度问题。应通过法律的形式明确界定政府作为整体所应承担的事权和支出责任边界、明确各级政府的专有事权和支出责任、细化政府间共同事权和支出责任、规范政府间委托事权和支出责任（李苗、崔军，2018），形成相对稳定的制度安排并成为各级政府都必须遵守的共同规则，由此才能保证各级政府间的事权和支出责任划分能落到实处，并有助于在集权与分权之间实现稳定均衡。

一、公共服务事权与支出责任的制度框架

本书对公共服务事权与支出责任的应然划分是建立在事权、支出责任匹配的基础之上的。也就是说，各级政府在管理国家事务中拥有何种权力或者承担何种公共服务就应当担负起何种支出责任，事权要求一种支出责任的划分与之对应。公共服务的事权与支出责任的制度框架需要解决两个问题：一是事权的合理划分，二是支出责任的匹配。事权的合理划分有众多原则，但归根结底应该落脚于各级政府提供公共产品的效率问题。某一项或一类公共产品中央政府提供效率更高即由中央提供，由地方政府提供效率更高即由地方政府提供。研究的重点在于如何判断公共产品的供给效率，从制度上明确责任，防止越位和缺位。这是制定公共服务的事权与支出责任的制度框架的基础。当事权得以合理划分，支出责任的匹配似乎只是一一对应，但是在实际中必须考虑制度的运行问题。首先是运行中的匹配：第一，在中央政府与地方政府的交叉领域，双方的财政支出责任，包括转移支付即使得以界定与划分，在实践中能否及时、足额拨付；第二，随着国家深化行政体制改革的推进，税收等财权改革也应与之相应而行，这些都是财权与事权在运行上能否匹配的问题。其次是运行的细化，中央政府、地方政府需要提供的公共服务多种多样在财政预算有限的前提下，难免有优先顺序的取舍，而财政支出还受到其他激励的影响，除了对制度

的细化，运行中的细化还有赖于在实践中决策者的判断。而对于某一项具体的公共产品，需要的研究就更为具体。

建立和完善各级政府教育事权和支出责任的制度框架有几个方面：（1）尽快弥补我国教育制度和财税制度在学前教育和高中教育阶段教育经费投入和保障机制方面的空白，使得各级政府对学前教育和高中教育阶段的教育支出有规则。（2）在正确处理好市场和政府、中央和地方这两对关系的情况下，对各级政府教育事权和支出责任进行更加明确而细致的规定，解决各级政府教育支出存在的"越位"和"缺位"等问题。（3）在进一步明确和细化各级政府事权的同时，明确将各级政府事权形成系统的法律、法规或规范性文件，为其履行教育支出责任提供明确无误的制度安排和法律依据，使各级政府管理走上法制化轨道。（4）建立政府权力监督和约束机制，防止地方政府的违法管理和违规操作。

二、教育事权与支出责任的制度框架

《中华人民共和国教育法》指出我国教育工作实行分级管理制度，中等及中等以下教育由地方各级政府负责，高等教育由中央和地方政府共同负责。这表明，从整体上看地方政府承担主要的教育财政事权和支出责任，具体又因教育阶段的不同而有所差异，根据现有的政策文件，各级教育阶段中央与地方财政事权和支出责任划分见表2-3。

表2-3　　分教育阶段中央与地方财政事权与支出责任划分

教育阶段	政策文件	政策内容	财政事权划分	支出责任划分
学前教育	《国务院关于当前发展学前教育的若干意见》	学前教育实行"地方为主，中央补助"的财政保障机制，地方政府是发展学前教育的主体	共担事权	地方为主

续表

教育阶段	政策文件	政策内容	财政事权划分	支出责任划分
义务教育	《中华人民共和国义务教育法》	义务教育阶段实行"国务院领导、省级统筹、县级为主"的管理体制，具体在财政领域体现为分级保障，省级统筹，地方负责	共担事权	地方为主
高中教育	《教育部等四部门关于印发〈高中阶段教育普及攻坚计划（2017～2020年）〉的通知》	发展高中阶段教育落实地方政府主体责任。发挥中央支持政策的引导激励作用	共担事权	地方为主
高等教育	《国务院批转国家教委关于加快改革和积极发展普通高等教育意见的通知》	高等教育管理体制的改革方向是，逐步实行中央与省（自治区、直辖市）两级管理、两级负责为主的管理体制	共担事权	两级管理
职业教育	《国务院关于大力推进职业教育改革与发展的决定》	职业教育实行国务院领导下，分级管理、地方为主、政府统筹、社会参与的管理体制。发展职业教育的主要责任在地方	共担事权	地方为主
特殊教育	《国务院办公厅转发国家教委等部门关于发展特殊教育若干意见的通知》	发展特殊教育所需经费，应由地方人民政府负责安排。中央特殊教育经费应随着教育事业费的增加逐步增加	共担事权	地方为主

更进一步，我们同样可以从数据上对中央、地方教育财政事权和支出责任的划分进行衡量。根据前文给出的定义，财政事权与支出责任原本统一在同一级政府，但当政府间发生了财政事权的相互委托，委托事权依然属于委托政府，但相应支出责任被转移至被委托政府。这也就是说，对于委托政府，依然承担原有的财政事权，但实际履行的是去除委托事权的剩余部分，相应支出责任也

由这部分事权而产生；对于被委托政府，同样承担原有的财政事权，但需履行的事权包括两种：一种是本级事权，另一种是委托事权。相应支出责任也分为两种类型，一类是为履行本级事权而产生的支出义务，另一类则是为履行委托事权从而产生的支出义务。可见，此时实际发生的支出责任不能完全用于衡量本级财政事权，需要从中剥离出政府间通过委托事权下放的支出责任，而这一部分支出责任所代表的财政事权实则是属于委托政府的。具体到中央和地方政府上，鉴于政府提供公共教育服务最终都会落脚到财政资金的投入上，我们可以将二者实际发生的支出关系视为支出责任的划分，代表两级政府各自"花的钱"，将中央对地方的转移支付视为因事权委托而下放的支出责任，用"中央本级支出+转移支付""地方本级支出-转移支付"分别衡量中央和地方承担的财政事权，代表两级政府各自"付的钱"。由于政府间实际发生的支出关系更为直接，故后文中我们首先对支出责任划分进行分析，在此基础之上通过对转移支付的剥离，进一步分析双方的财政事权划分。

综合考虑数据的代表性与可得性，本书采用"中央/地方本级一般公共预算支出"中用于教育的决算数来分别衡量二者实际承担的供给责任，具体公式为：中央教育支出责任比例=中央本级一般公共预算教育支出/全国一般公共预算教育支出，地方教育支出责任比例=地方本级一般公共预算教育支出/全国一般公共预算。教育支出数据来源于中华人民共和国财政部网站《全国财政决算》。整体上看，图2-1、图2-2分别给出了2007~2017年公共教育领域中央与地方一般公共预算支出情况及二者的相对占比。从绝对量来看，地方财政教育支出远远大于中央支出，二者都呈现逐年上升的趋势，这表明在公共教育领域，中央与地方政府的参与力度都在与日俱增，但地方政府始终承担着绝对主要的支出责任。进一步，这一点可以更加明显地反映二者的相对占比上，地方财政教育支出责任占比基本保持在94%~95%，总体略有上升；中央支出责任占比基本保持在5%~6%，总体略有下降，这意味着在公共教育领域，地方政府与中央政府承担的支出责任基本保持稳定，平均而言，二者的支出责任划分比为94.6%：5.4%，地方政府承担绝大部分的支出责任。

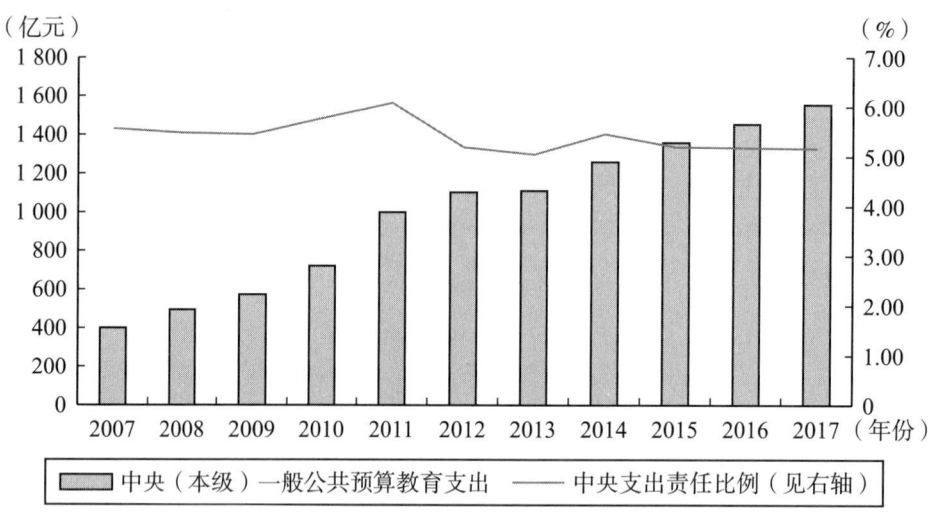

图 2-1　2007~2017 年中央一般公共预算教育支出及支出责任比例

资料来源：2007~2017 年《全国财政决算》，经本书整理得到。

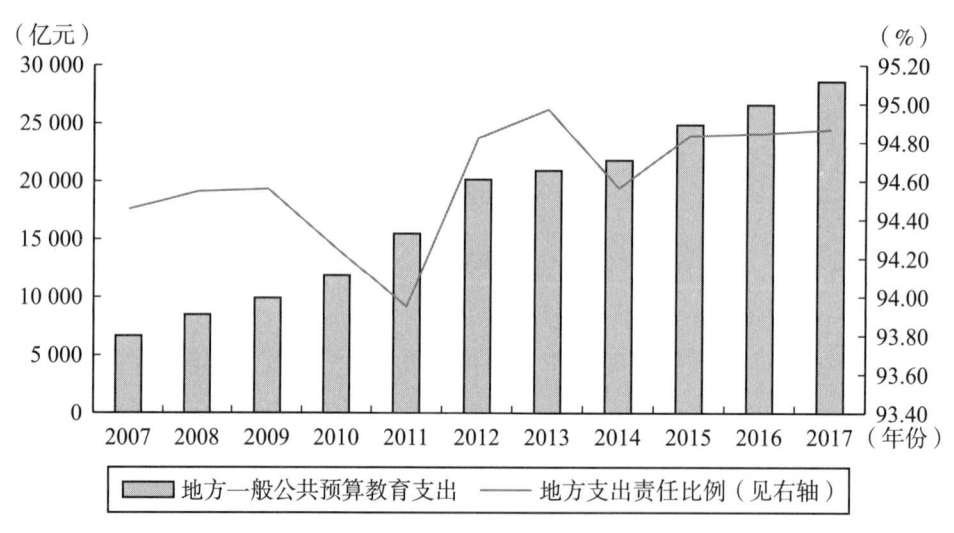

图 2-2　2007~2017 年地方一般公共预算教育支出及支出责任比例

资料来源：2007~2017 年《全国财政决算》，经本书整理得到。

分教育阶段来看，首先从教育阶段视角进行横向比较。表 2-4 以各级教育中央与地方本级一般公共预算支出占总支出的比重衡量了双方承担的支出责任。可以看出，除高等教育阶段中央政府承担了约 30% 的支出责任外，其他各级教育地方政府都承担了 99% 以上的支出责任，这表明，除高等教育之外，其他各类公共教育的支出责任基本都落在了地方政府身上。平均而言,当前各级教育中央与地方支出责任比为:学前教育 0.31%:99.69%,义务教育0.13%:99.87%,高中教育 0.59%:99.41%,高等教育 30.87%:69.13%,职业教育 0.35%:99.65%,特殊教育 0:100%。其次从政府视角进行纵向比较,图 2-3 统计了 2010~2017 年中央、地方两级政府财政教育支出(本级支出)的平均支出结构,可以看出,中央政府绝大部分直接支出(86.95%)用以提供高等教育,其他几类教育占比都非常少;地方政府的直接支出则是以提供义务教育为主(46.25%),除成人教育、教师进修及培育等其他教育外,其次依次是高等教育、高中教育、职业教育、学前教育、特殊教育、其他。

表 2-4　　　　分教育阶段中央与地方支出责任划分比例

（2010~2017 年平均）　　　　　　　　　　　单位:%

项目	义务教育	高中教育	高等教育	职业教育	特殊教育	学前教育
中央支出责任比例	0.31	0.13	0.59	30.87	0.35	0
地方支出责任比例	99.69	99.87	99.41	69.13	99.65	100.00

资料来源:2010~2017 年《全国财政决算》,经本书整理得到。

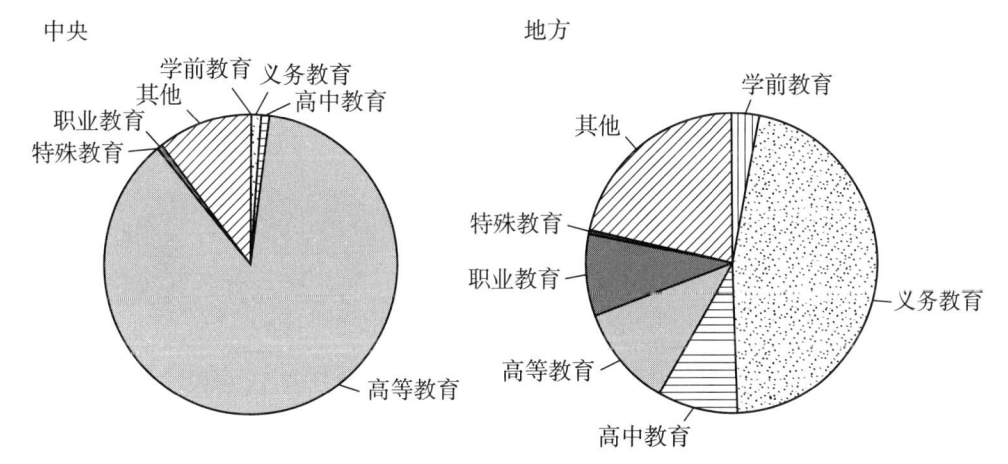

图 2-3　2010~2017 年中央、地方财政教育
支出(本级支出)的平均支出结构

资料来源:2010~2017 年《全国财政决算》,经本书整理得到。

三、教育事权与支出责任划分制度化困境与体制性诱因

(一) 事权的同构与支出责任的共担

事权是指政府所承担的社会经济事务管理职能,在市场经济条件下也可以理解为政府提供公共物品的职责,国内主流观点越来越将事权理解为提供公共服务的支出责任(文政,2008)。合理的事权划分可以在满足资源自由流动和"用脚投票"的条件下,引发地方政府间的良性竞争,从而有效地推进经济增长和社会治理效力(吴春霞、郑小平,2009)。但当前由于职权划分的同构性程度较高,诸如"可以""根据情况""因地制宜"等宽泛性的语言表述,赋予了地方政府灵活执行法律和政策的权限,导致事权划分缺乏确定性和稳定性,在财税实践中往往依赖于"三定方案"等文件作为政策性指引。受政府事权同构化影响,我国支出责任通常表现为中央与地方各级政府共同负担,而没有进一步明确中央与地方、地方政府之间支出划分的原则和比例,仅仅对支出责任的分担方式做出模糊性规定。如"中央与地方共同负担""国家保障地方工作经费""国家加大对中西部地区、贫困地区、革命老区的经费支出"等,缺乏对支出责任主体、标准、用途以及责任追究的细化规定。可以看出,中央与地方政府间出现高度相同的共同管理职权,不同之处在于后者仅对前者管理职权适用范围的缩小。由于共同事权与支出责任分担机制不明确、不透明,缺乏执行与监督的可操作性,部分事项成了各级政府若有若无的责任。作为政府履行事权的支出义务和资金保障,财政支出承担方式主要表现为以下四种方式:(1)"纳入预算条款",授予各级政府支出资金、履行事权并评价支出绩效的权力;(2)"财政补贴条款",通常要求县级以上各级政府针对部分事项提供补贴、奖励、经费支持等,此外还存在政策优先、给予税收优惠等税式支出补贴;(3)"转移支付条款",主要针对特定区域实施"帮扶义务",如在教育、文化、污染防治等重点领域实行转移支付;(4)"补偿支出条款",主要表现为针对特定行政相对人的利益受损给予适当的经济补偿,通常以行政给付方式实现。事权的同构与支出责任的共担,在现有财税体制安排下出现了灵活执行的困境,中央政府可以

基于自身利益而将支出责任下放，而地方政府也可以依据法律文本的概括性、原则性寻求非制度性的变通策略，或者放任于公共服务的缺位，或者在体制之外寻求财力支撑，这既诱发中央与地方财政关系的非制度化、复杂化，又导致政府与市场在公共服务供给上的越位、缺位。而当中央和地方事权与支出责任完全由中央划分并裁决、省级以下事权与支出责任完全由省级划分并裁决时，则会导致中央和省级政府在裁决具体争议时"自己做自己的法官"，陷入困境，影响事权与支出责任划分的公平性。

（二）中央政策先行与地方法规跟进

作为财税体制要素的建制化过程，事权与支出责任划分的制度化有助于推进中央与地方政府间权力与职责的规范化和确定化，一定程度上形塑着财政收入与支出行为。尽管1994年之后我国分税制财税体制经过了多次微调，但本质特征和基本框架依然没有偏离改革的初衷和目的（谢京华，2012）。我国《宪法》只是笼统地提出中央统一领导与发挥地方的积极性、主动性，将中央和省级政府的职权划分交由国务院，授权其决定地方政府职权，在事实上形成了中央统一领导、地方分级管理、剩余权力归中央的财税体制安排。而对于省级以下财税体制改革，国务院则通过《批转财政部关于完善省以下财政管理体制有关问题意见的通知》授权省级政府确定省级以下财税体制，由此构成了当前国务院决定省级、省级决定省级以下财税体制的制度框架（见表2-5），也为当前事权与支出责任划分矛盾埋下了隐患。由于1994年的分税制改革目标重在于提高"两个比重"，而对中央和地方的事权与支出责任划分采用以共同承担为主、专属承担为辅的划分模式，导致共同事权过多，在地方政府不能获得平等的表达权、参与权的情况下，中央政府可以单方面制定和修改游戏规则（徐双敏、李明强，2016）。从2017年地方一般公共预算支出决算表中的支出细则可以看出，地方政府承担了本应专属于中央支出责任的国防费、外交和援外支出分别高达206.02亿元和2.08亿元。与此同时，即使党的十四大会议之后我们力图协调财税体制与社会主义市场经济体制相适应，更好地发挥市场和政府在公共服务供给上的不同作用，但对此问题的认知也经历了不断的改革和摸索过程。加之由于以《宪法》为主导的相关法律、行政法规对财税体制安排多以原则性条文规定，缺乏直接适用性，以至于我国分税制基本框架的建立、运行与完善主要依赖于党的政策、国务院及其财政部门颁布的大量规范性文件。其中，单行性政策文本主要对财税体制相关要素的具体化，而综合性的党和国家政策很大程度上决定了当前和今后一段时间财税体制改革的基本目标、原则和主要措施，形成了政策先行、财税体制法规跟进、政策与法互动的势态（见表2-6）。

表2-5　　　　1994年分税制确立的财政支出划分框架

中央与地方共同支出	中央专属支出	地方专属支出
武警经费	国防费	民兵事业费
行政管理费	外交和援外支出	城市维护和建设经费
基本建设投资	地质勘探费	价格补贴支出以及其他支出
技术改造和新产品试制费		
支农支出		
国内外债务的还本付息支出		
文化、教育、卫生、科学等各项事业费支出		

表2-6　　　　党的政策与财税体制规范性文件的互动框架

党政策性文件	主要内容	国家规范性文件	主要内容
党的十四届三中全会决定（1993）	分税制	《关于实行分税制财政管理体制的决定》（1994）；《预算法》（1994）；《国务院批转财政部关于完善省以下财政管理体制有关问题意见的通知》（2002）	事权与财权相结合；分税制
党的十六届三中全会决定（2003）	公共财政体制	《中共中央、国务院关于促进农民增加收入若干政策的意见》（2003）；《财政部关于进一步推进乡财县管工作的通知》（2006）	农村税费改革；乡财县管
党的十七大报告（2007）	财力与事权相匹配；完善省以下财政体制	《关于推进省直接管理县财政改革的意见》（2009）	省直管县
党的十八大报告（2012）；党的十八届三中全会决定（2013）	财力与事权相匹配、公共财政体系；治理现代化、现代财政制度、两个积极性	新《预算法》（2014）	分税制、财政转移支付

续表

党政策性文件	主要内容	国家规范性文件	主要内容
《深化财税体制改革总体方案》（2014）；党的十八届四中全会决定（2014）	现代预算制度、税收制度改革、中央和地方政府间财政关系；事权规范化、法律化	《国务院关于推进中央与地方财政事权和支出责任划分改革的指导意见》（2016）	研究起草《政府间财政关系法》
党的十九大报告（2017）；党的十九届三中全会决定（2018）	中央和地方财政关系、省级以下自主权；两个积极性	《国务院关于印发"十三五"推进基本公共服务均等化规划的通知》（2017）；《基本公共服务领域中央与地方共同财政事权和支出责任划分改革方案》（2019）；《医疗卫生领域中央与地方财政事权和支出责任划分改革方案》（2019）	基本公共服务均等化；基本公共服务领域划分；分领域推进

可见，虽然我国财税体制改革正处于转轨时期，行政性与政策性体制安排具有适度的灵活性，也为事权与支出责任的划分提供了操作规则，但势必出现频繁的、极不规则的变动，助长中央与地方尤其是基层地方政府的双重机会主义行为。

（三）财政汲取权力与能力的分离

财政汲取权力主要表现为以税收收入为主体形式的财政收入征收权、举债权等，而财政汲取能力则是指各级政府在一定时期内可以支配的财政资源，包括税收收入、非税收入、转移支付收入、举债收入等，前者侧重财政收入的权力，具有财政自决权的属性；后者则侧重财政收入的能力，包括自有收入和转移性收入。作为支出责任的财政保障，财力需要与支出责任相适应，但财力的来源则与财权之间并无直接关系，既可能源于自身的财权，也可能源于上级的财权。基于对地方政府财政汲取权力和能力认知的不同，财税体制要素匹配原则也经历了事权与财权相统一到事权与财力相匹配的过渡。一方面，由于分税制改革的初衷在于提高"两个比重"，在导致税权集中与非税收入分权并存的同时，也使地方政府的财政汲取财权与能力相分离。收入上移、支出责任下放，事权与财权不统一,加重了地方尤其是基层政府的财政支出压力,直接引发了地方政府非税收入的扩张和对地方政府债务的追逐。即使地方政府债务在尚未获得法律层面授权的情况下,地方财力的短缺与中央政府的默许,诱发了诸如融资平台、部门借贷等非规范形式的隐性债务,进而也在事实上倒逼中央逐步放开债务控制,经由财政部的"代发代还"、省级政府的"自发自还"试点过程,最终在新修订的《预算法》中得以确认。另一方面,财税体制安排中多数事权属于中央和地方共同承担或委托地方承担,中央则按照一定的比例对地方进行补助,建立了当前以一般转移支付为主导、专项转移支付为辅助的财政转移支付制度。相较于依靠本地经济努力而增加税收以及地方政府债务的最终偿还义务,从中央直接获得转移支付资金可以有效弥补地方财政汲取权力的缺陷,诱发了地方政府的机会主义行为。一般转移支付旨在均衡地区财力差异、推进基本公共服务均等化,与财政分权的观点是一致的,也有助于增强地方政府的财政汲取能力和支出责任,而专项转移支付更接近于有条件和配套的拨款,倾向于集权的控制。但目前除了均衡性转移支付具有均等化效果之外,其他转移支付则由于各种原因逐渐演变成专项转移支付。反观当前的专项转移支付,虽然其理论意义在于弥补公共物品外溢性所产生的地方政府积极性缺陷以及实现中央政府的特定政策目标,但诸如退耕还林还草工程、天然林保护工程、社会保障制度建设等专项拨款却有助于促进基本公共服务均等化,专项转移支付与一般转移支付在事实上产生了功能混同。加之当前的转移支付缺乏相关法律法规的明确约束,中央也存在将理应交由中央承担的公共支出事项下放给地方,或者理应交由地方管理的事项演变为中央补助、转移支付等形式的机会主义,导致诸如跨区域劳动力流动、污染治理和社会保障等公共服务缺失的同时,变相加强了中央的财政集权。

从以上分析可以发现:(1)事权与支出责任划分不是孤立存在的命题,需要现代财税体制与市场经济体制的协同配合;(2)当前事权与支出责任划分的概括性、原则性、灵活性不仅源于中央和地方对分税制财税体制改革的渐进性推进,还源于政府和市场在资源配置中不同地位的认知探索;(3)事权与支出责任划分的制度化路径应遵从市场的决定性作用,更好地发挥政府作用,在中央统一领导下,充分发挥地方的主动性、积极性,构建事权、支出责任、财权和财力等体制要素协调配合的制度体系。

第三章
政府间教育事权划分现状及问题

第一节　我国财政分权的发展历程

中国的财政改革经历了一个"统—分—统"的阶段,自1980年之后基本走上了制度化的分权道路。1994年实行的分税制改革是显著区别于先前诸如财政分成和财政包干的改革,是财政体制改革的重要阶段,对财权与事权的划分予以界定。目前,中国财政理论界常将中国财政体制改革分为三个阶段来分析。

一、新中国成立前的财政体制

中国自秦以来就实行郡县制,建立了中央集权制国家。行政上虽然有县制,但财政上只有中央财政,而无地方财政。只有在出现诸侯分封等情况时,才有"地方财政"。我国从元代开始设置中书省管理地方行政,明、清沿袭,但作为派驻机构,并无独立的财政。中央政府统收统支的财政体制,直到清末才被打破。1910年2月,由于国库空虚,清政府颁布《府厅州县地方自治章程》,准备用6年时间完成县级自治,名义为地方财政自治。当时,督府力量强大,做实了省级财政,出现了现代意义上的中央、地方两级财政。

北洋政府时期,迫于财政压力,我国第一次实行分税制财政体制。1912年9月,中央政府成立调查委员会,向各省派出财政督察员,协商分税事宜。当时,政府分中央、省、县(市)、乡四级,财政分中央、省、县三级。暂定司法、军费等由中央政府支出,内务、教育、农商、交通等一部分属中央财政支出,一部分属地方财政支出。

1927年,南京国民政府成立后,通过国、地税划分案,制定了《划分国家收入地方收入标准案》《划分国家支出地方支出标准案》,确立了分权制财政体制。在北洋政府统一县制的基础上,进一步规范县的建制:根据所辖行政区域大小、事务简繁、财赋多寡,将全国所有的县、地划三等,按照等级来确定县政府内部的组织机构和管理职权。1928年，颁布《县组织法》，确立了省直管县的行政体制，当时只有中央和省级实行了分税，省以下分税制并未真正实行。由于没有划分县级财政收入，各县为筹集经费，征收各种附加税或杂捐，财政混乱。1939年颁布《县各级组织纲要》，县市财政成为独立的收支系统，确立了中央、省、县市三级财政体制，行政上仍为中央、省、县（市）、乡四级。

1942年，全国财政划为国家财政和自治财政两大系统，省级并入国家财政，自治财政以市县为单位，包括县以下地方自治团体，进一步巩固了县级财政的地位。抗战胜利后，1946年恢复了中央、省、县市三级财政体制。当时，苏维埃政权实行单一层级的财政体制。抗日战争时期，财政集中统一管理，初步形成中央、各边区政府、县三级财政。解放区继续实行财政集中统一管理，奠定了新中国成立后的单一财政体制。

二、新中国成立至改革开放前的集权型财政

新中国成立至改革开放前，我国1950年初为加强对财政物资的集中管理，中央政府对分散管理的财政经济工作进行了改革，建立起高度集中、统收统支的财政体制。其特点是预算管理权限集中在中央，财力集中在中央，习惯称之为"统收统支"或"收支两条线"体制。统收统支的财政体制奠定了整个计划经济时期中国财政经济运行的基本特征。1953年在取消大区级财政预算的基础上构建了中央、省和县三级预算，开始适当下放财政管理权限，提出了划分职权范围、分级管理的目标。1958年为进一步提高地方政府的积极性，扩大地方政府财力，建立了"以收定支、五年不变"的财政管理体制，分权型财政体制已成雏形。由于"大跃进"和"三年自然灾害"，1958年财政体制并没有得到很好的执行，60年代初财政体制又逐渐恢复到高度集中的财政体制。70年代对财政体制进行了部分调整，开始呈现向分权型财政演变的趋势。

三、改革开放后至分权制改革前的放权让利

改革开放以后，我国的财政体制以下放权力为主导。1978年十一届三中全

会指出：现在我国经济管理体制的一个重要缺点是权力过于集中，应该有领导地大胆下放，让地方和工农企业在国家统一计划的领导下，有更多的经营管理自主权。在此精神的指引下，中国财政体制逐渐向分权型制度变迁。早在20世纪70年代末江苏省就开始试行"固定比例包干"体制，扩大地方财权，增加地方在经济管理中的权限。1980年实行"划分收支、分级包干、一定五年不变"体制，财力分配由"条条"为主改为"块块"为主。分成比例或补助定额，由过去"一年一定"改为"五年不变"，扩大了地方财权，开始加强地方财政责任，体现了责权利相结合的原则。1984年实行"划分税种、核定收支、分级包干"体制，财政收入仍划分为中央固定收入、地方固定收入和共享收入，但收入划分依据却有了很大改变。在此以前主要是依据对国有企业的所有权来划分收入，如中央企业收入归中央财政，地方企业收入归地方各级财政；新的划分依据则与税种相联系，如对全国经济影响大的税种作为共享税，对调节各地经济平衡作用大的税种作为中央税，农业税以及其他小税种作为地方税。1988年中央政府对财政体制安排又作了调整，除民族地区外，对各省、自治区、直辖市和计划单列市实行不同形式的包干办法，主要有：收入递增包干法、总额分成办法、总额分成加增长分成办法、上解额递增包干办法、定额上解办法。自1983年、1984年进行两步"利改税"初步建立我国的税收体系后，以税种来划分中央地方收入的财政体制正式拉开了我国财政制度的分权型改革，我国集中型财政体制开始向分散的、分层的财政体制过渡。

  为了推动中国市场经济体制的建立和逐步完善，中央政府积极推进财税体制改革，其中最为重要的是1994年实行的分税制改革，将地方财政包干制度改为合理划分中央与地方事权基础上的分税制度。1994年分税制改革的目的在于提高两个比重，增强中央政府对宏观经济的调控力度。从其本意来看，分税制改革是一种集权型的财政改革，但是分税制通过划分中央与地方的职责与事权来划分财政收入，扩大了地方政府对自有财力的支配权限及对地方经济事务的管理权限，从而具备了分权型财政改革的基本特征。

  1994年分税制度改革的原则和主要内容是：按照中央与地方的事权划分，合理确定各级政府财政收支的范围；根据事权与财权相结合的原则，将税种统一划分为中央税、地方税和共享税，并建立中央税收和地方税收体系，分设中央和地方税务机构分别征管；科学核定地方收支数额，逐步实行比较规范的中央对地方财政的税收返还和转移支付制度；建立和健全分级预算制度，硬化各级预算约束。分税制建立后，地方预算不再按规定程序报中央审批，从而减少了中央政府对地方区域性经济管理的控制和约束。1994年分税制改革及对它的完善和补充，如转移支付制度改革等，在不同程度上强化了地方政府对地区性事务的自主管理。

四、财政分权的现状

为了保证新的财政体制的顺利施行，1994年的分税制改革采取了渐进的、比较温和的改革方式，从而避免了由于大幅度调整利益格局而对社会经济带来大规模的震荡，使中国顺利地由原来的财政包干制过渡到分税制。从实践上看，现行财政体制的基本导向是与社会主义市场经济体制的内在要求相适应的，并且在近年来的运行过程中已显示出较为良好的政策与经济效应。

（一）分级财政体制的总体框架基本确立

中国分税制改革以原包干制为基础，按照"存量不动，增量调整，逐步提高中央的宏观调控能力，建立合理的财政分配机制"的原则设计，采取了"三分一返一转移"的形式，即划分收入、划分支出、分设税务机构，实行税收返还和转移支付制度。可以说，分税制改革是新中国成立以来改革度最大、范围最广、影响最为深远的一次财税制度创新，是我国财政体制的一次重大调整。通过这次改革，基本上建立起了适应社会主义市场经济发展要求的财政体制框架。

（二）财政收入稳定增长机制已逐步建立，并确立了中央财政的主导地位

现行财政体制初步理顺了中央与地方的分配关系，调动了各级政府理财的积极性，建立了财政收入稳定增长机制。1994年分税制改革之前，财政分配关系大都是用"包干"的方式处理，财政收入特别是中央财政收入基本上是一个被包死的数，不能随经济的增长而增长。现行的分税制财政管理体制明确划分了中央与地方之间的税源，并分设国税与地税两套税收征管机构，分征分管，

增强了各级政府当家理财、自收自支、自求平衡的责任和压力，充分调动了各级政府的理财积极性，各地普遍加强了税收征管，初步改变了以往随意减免税的状况，税收流失有所控制，使财政收入保持了持续稳定的增长态势。同时，中央财政贫弱的局面也彻底得以改观。在进行分税财政体制改革后的1994年，中央财政收入比重与地方财政收入的比重基本上维持在一半对一半的比例。2002年所得税分享后，中央财政收入的比重基本达到55%左右。中央财政收入规模的壮大，增强了中央政府的宏观调控能力，促进了国民经济的持续稳定快速发展和国家的长治久安。

（三）促进了资源优化配置和产业结构调整

现行的财政体制也在一定程度上促进了地方各级政府经济行为的合理化，促进了资源的优化配置和产业结构的调整。在财政包干制下，税收增量的大部分留给了地方，这在一定程度上刺激了地方政府发展税多利大的加工工业的积极性，从而导致经济结构趋同，地区封锁和条块分割现象愈演愈烈。

实行分税制后，调整了中央和地方之间的收入分配格局。现行分税制体制将来自工业产品的增值税的大部分和消费税的全部均划归中央，这在很大程度上限制了地方盲目发展税多利大产业的倾向，从而为解决市场封锁和地方保护主义问题提供了较好的条件。过去一直难以解决的小酒厂、小烟厂、小棉厂等重复建设状况，也得到了有效的控制。同时，现行分税制体制将来自第三产业的营业税划归地方，从而激发了地方发展第三产业的积极性，加大了这方面的资金投入。从全国情况看，实行分税制后，地方政府的经济行为和投资行为已发生了一些积极变化，各地普遍根据分税制后的财源结构和本地区的实际情况，寻找新的经济增长点，积极培植新的财源，并纷纷将投资重点转向了农业、基础产业、服务业和地方的优势、特色产业。分税制在引导地方政府经济行为和投资行为的合理化、促进资源优化配置和产业结构合理调整等方面的作用已初步显现。

（四）促进了财政资金供给范围合理调整和财政支出结构优化

现行财政体制初步理顺了政府间的责权关系，在政府间初步建立了各司其职、各负其责、各得其利的约束机制和费用分担、利益共享机制。税种、税源按财政体制划定的标准分属中央政府或地方政府，各级财政预算的财力来源、规模约束明显增强，自收自支、自求平衡的责任明显加重。因此，现行分税制财政体制强化了对地方财政的预算约束，提高了地方坚持财政平衡、注重收支管理的主动性和自主性。

另外，也促使各级政府尤其是财政经济能力相对较弱的地方政府的财政支出重点向刚性较强的公共产品领域集中，在一定程度上促进了社会经济资源配置结构的优化和财政资源配置效益的提高，有力地促进了政府财政经济行为的转变。从宏观角度看，分税制的上述基本导向都是与市场经济体制的内在要求相适应的，政策效果将继续显现出来。

第二节　我国财政分权存在的问题

从"分灶吃饭"到分级包干，再到分税制，改革开放以来，我国财政体制改革适应经济发展战略转变和经济市场化改革的需要，实现了管理体制从集权到分权、从行政性分权向经济性分权迈进的步伐，分税分级财政体制框架初步建立，为我国经济长期高速增长提供了强大的激励和动力。与西方财政分权体制相比，我国财政分权具有鲜明的中国特色，以分收入为主，对支出责任划分不明晰，基本公共服务供给不足。随着放权让利改革和"分灶吃饭"财政体制的实施，拥有较大资源配置权的地方政府成为同时追求经济利益最大化的政治组织。官员在追求地方利益的同时，还要面对任期考核的压力，越来越多地方政府资源被投入到经济事务中，影响了教育、医疗卫生等公共物品的提供。世界银行在针对中国的专题报告《未来20年的结构性改革》中，进行了"政府支出规模和构成的跨国比较"，中国政府支出中较大份额被用于经济事务，而在医疗和社会保险等核心公共服务方面还存在重要缺口，其占GDP比重远低于经合组织（OECD）国家和中高收入国家的平均水平。概括起来，我国目前财政分权主要存在如下问题。

一、政府和市场的职能不明晰、分权缺乏法治化基础

在社会主义市场经济条件下,稳定的政府与市场关系主要表现为两方面。市场决定资源的配置。既然是市场经济,市场就应该起决定性作用,主要对资源要素的配置起决定性作用。市场决定资源的配置是市场经济的一般规律,社会主义市场经济作为市场经济就必须遵循这个规律。但同时,也不能忽视政府的调控作用。然而目前,哪些支出应该由政府负责、哪些支出应该由市场、社会承担,在我国缺乏规范的制度性规定,随意性较强。我国政府职能转变滞后,政府与市场边界不清:一方面,随着原来由企事业单位提供的大量福利转为社会化,政府需要承担教育、医疗卫生、社保等方面的支出,而政府在公共服务供给范围、提供方式等方面事权界定不甚清晰;另一方面,政府在经济建设领域投资量大,经济长期靠政府投资拉动,政府尚未从微观经济事务中完全退出,仍直接或间接地介入市场领域。一些本该由企业或社会投资的企业技术改造、扩大生产规模、交通运输、城市基础设施建设等,还是由政府直接投资,财政负担沉重。从总的趋势看,政府事权越来越多,支出责任越来越重。由于处于转轨期,中国公共财政不同于西方发达国家,政府事权多于纯市场经济国家。加之中国人口众多,在这两项支出的挤压下,政府财政收入虽连年高速增长,仍入不敷出,政府债务同步增长。因此,转变政府职能、处理好政府与市场关系、明晰事权是推进财政体制改革的前提条件。

规范的财政分权体制往往以《宪法》或法律明晰各级政府的事权和支出责任,并与其财力相匹配。我国《宪法》第三条规定"中央和地方的国家机构职权的划分遵循在中央的统一领导下,充分发挥地方的主动性、积极性的原则",但如何进一步划分,并无明确的解释。《宪法》《组织法》《预算法》等法律法规对各级政府事权划分也只有一些原则性规定。我国的分税制体制仅以政府文件、规章等形式发布,法律效力不高,事权划分缺乏法治化的制度基础。

目前财政分权依据的主要是1993年12月国务院发布的《关于实行分税制财政管理体制的决定》,作为政府文件,仅就中央和地方事权划分做了原则性规定,如公共物品的供给方面,中央财政负责"中央本级负担的文化、教育、卫

生、科学等各项事业费",地方财政主要负责"地方文化、教育、卫生等各项事业费",政府事权划分较为笼统,表述含糊,造成政府间支出责任不清、调整随意等问题。在公共教育支出的各类事项中,几乎都有来自中央财政的资金。

中央与地方事权、支出责任、财权、财力的划分,在各国都是一个博弈的过程,但博弈的规则需明确。除法律外,国外针对政府间财政关系发生的争议,建立了相应的争议解决机制。我国政府间财政关系的调整主要由国务院和财政部决定,地方政府缺乏反映正常诉求的渠道,下级政府被动地接受上级政府分配的支出责任,由于决策权、人事任命权等在上级政府,导致事权不断下放,基层政府日子越来越难过。

由于我国既缺乏规范政府间财政关系的法律法规,又缺乏相应的争议协调机制,大量财力调节基于非制度性博弈,加剧了地区间收入的不平等。

改革开放以来,我国实行了有差别的区域经济政策,在财政方面也形成了自东而西的梯度分权格局,后虽通过开发大西部、中部崛起等政策调整,财政政策区域不一的特点始终存在,既给中央部门提供了寻租机会,也加剧了地方政府间的恶性竞争。

二、地方政府自有财源不足、支出责任过重

我国地方税制建设严重滞后,税收立法权、解释权、税目税率调整权以及减免税权等税收管理权限高度集中于中央政府,地方一度有权开征的屠宰税、筵席税两个税种均已停征。目前归属省级政府的税种包括营业税、城镇土地使用税、城市维护建设税、房产税、车船税、印花税、耕地占用税、契税、烟叶税、土地增值税等,税种虽多,但缺乏能提供长期稳定收入的主体税种。省以下没有真正进入分税制状态,地方缺乏具有稳定收入来源的主体税种,严重依赖中央财政转移支付和融资平台、土地出让收入等。

2017 年,地方财政本级收入为 91 448 亿元,而地方财政支出达到 173 471 亿元,自给系数仅约为 0.53,这意味着地方财政支出中将近一半依赖于中央对地方的财政转移支付。转移支付不仅是均等化的政策,我国所有省区市均有来自中央的转移支付,2008 年,自给率最高的北京自给系数为 0.94,最低的西藏

仅为0.07，青海为0.207。这也成为基层财政困难、"土地财政"和地方债等问题的重要制度性根源。地方预算外资金逐年增长，1986年我国地方预算外财政支出总额为937.43亿元，国家预算外支出总额为1 587.37亿元，地方预算外财政支出占预算外支出总额的比重为59%；2008年，地方预算外支出总额增加到5 944.23亿元，国家预算外支出总额为6 346.36亿元，地方预算外财政支出占预算外支出总额的比重上升为93.66%。这也从一个侧面反映了地方政府财政支出的不规范性，势必影响地方性公共物品的有效供给。①

中央政府和各级地方政府的事权划分仅有原则性规定，缺乏明晰、可操作的细则。有些事权承担主体本身就不清晰，如中央和地方共同承担教育、卫生、农业等，但是各级职责的分担比例并不明确，如《义务教育法》规定："实施义务教育所需事业费和基本建设投资，由国务院和地方各级人民政府负责筹措，予以保证。"只规定义务教育是各级政府的共同责任，但并没有对每级政府的职责作出明确细化的规定。在这种情况下，对事权和支出责任的调整随意而且多变。行政权分为决策权、执行权、监督权三方面，我国财政决策权往往在中央政府，执行权在地方，有效监督不足。一些明确由中央政府承担的事权，在执行中却移交给地方政府。例如，国防是中央政府的事权，但地方政府承担了部分地方民兵等支出责任。又如养老金、失业保险作为地方支出责任，各地养老收入不同，这在其他国家是非常罕见的，因为养老金作为基本社会保障措施往往是中央政府的支出责任。由于职责不清，缺乏统一的支出划分规范，公共服务供给标准缺失，问责机制难以推行。地方一旦出现养老金拖欠等问题，又要由中央政府究底。

有学者认为我国财政分权体制在很大程度上属于中央委托制，地方政府真正拥有的自主权有限。决策权主要在中央和省级政府，执行权主要在市、县基层政府。基层财政反映比较多的问题是"中央点菜、地方买单"。各项社会改革全面推进，中央拿小头，大量支出责任需要地方承担，各个层次配套，还有的支出政策下达很晚，让地方拿钱，需要不断调整预算。我国《农业法》《教育法》《科学技术法》等都规定，各省级政府在这些领域的投资增长速度必须超过

---

① 财政部：《2017年财政收支情况》，http://www.gov.cn/xinwen/2018-01/25/content_5260672.htm；中国政府网：《关于1986年国家预算执行情况和1987年国家预算草案的报告》，http://www.gov.cn/test/2008-04/09/content_940603.htm；财政部：《关于2008年中央决算的报告》，http://www.gov.cn/gzdt/2009-07/07/content_1359213.htm。

政府收入增速。《教育法》明确提出了"三个增长"的要求，即："各级人民政府教育财政拨款的增长应当高于财政经常性收入的增长，并使按在校学生人数平均的教育费用逐步增长，保证教师工资和学生人均公用经费逐步增长。"《农业法》规定："中央和县级以上地方对农业总投入的增长幅度应当高于其财政经常性收入的增长幅度"，这些规定对保证相关事业的发展起到了积极的作用，但也削弱了财政职能，影响了地方财政的正常运转。

从地方政府间的事权划分来看，也是支出责任下移。省级财政除保障本级政府履行职能和辖区内宏观调控所需支出外，承担的具体支出事务很少，却掌握了很大的资金分配权。大量支出事务，如支农、教育、卫生、社保、城乡建设和公共安全等主要由县、市政府承担，而基层政府可支配财力很少，依靠上级转移支付，形成"支出责任在基层、财力分配在上级"的不合理局面。

三、转移支付规模庞大

2017年，我国中央和地方政府在公共财政收入中的占比分别约为47%和53%，支出占比分别约为15%和85%，[1] 中央收取大量资金再转移支付到地方，巨大的资金收支，不仅加大了管理成本，也成为腐败的源头。特别是专项转移支付分散在不同部门，缺乏统一管理，削弱了财政的刚性。由于地区经济差异巨大，转移支付是我国实现基本公共服务均等化的重要手段，但现行财政转移支付制度存在一些突出问题。

（一）转移支付结构不合理

一般性转移支付规模占比过低，特别是真正具有均等化功能的均衡性转移支付比重更低，专项转移支付过多。转移支付制度"保地方运转"的功能较为突出，均等化功能未得到充分发挥。在现行预算体制下，部门预算由基本支出和项目支出构成，基本支出水平难以增加，各类专项支出成为部门争取财政资金的手段。随着各项新政策的出台，配合中央宏观调控政策设立的专项转移支

---

[1] 资料来源于2018年《中国财政年鉴》。

付项目逐年增多，由此带来财力转移支付专项化、专项转移支付财力化的倾向，地方政府可完全自由支配的财力补助太少，地方财政支出困难。

2009年起，中央财政将部分具有一定财力性质、数额相对固定的专项转移支付归并到一般转移支付项下。一般性转移支付中，还有部分项目是由专项转移支付归并而来，如教育转移支付、社会保障等。我国专项转移支付多达200多项，覆盖教育、卫生等诸多领域，管理权限分散于众多部门，甚至个别政策功能相互冲突，不利于实现政策目标。一些专项转移支付要求地方配套资金，给经济欠发达地区的地方财政带来沉重负担。专项转移支付过多，也弱化了其对地方政府的财力保障作用，影响了地方政府在提供公共物品方面的积极性和支付能力。

（二）转移支付透明度不高

不少省份反映，中央对地方政府的转移支付包罗万象，形式繁多，管理分散，每年有哪些或者增加哪些转移支付项目，省级财政大致了解，市级、县级基本不了解，加之缺乏有效的约束和监督机制，在信息不对称的情况下，"跑部钱进"的状况难以彻底改变。

（三）转移支付不规范

发达国家在进行转移支付时，一般依据规范的公式计算，便于地方各级财政统筹安排财力，而我国转移支付的目标不够明确，是以基本公共服务均等化还是以基本公共服务最低保障供应为导向来设计转移支付制度，目前还存在争议。一些专项转移支付项目到年底才拨付，给地方预算执行造成困扰。

（四）配套改革滞后

在我国转型期较为特殊的政治经济环境下，财政分权并没有像西方主流分权理论预测的那样对地方公共服务供给有显著的改善作用。除了财政体制本身不能适应市场经济迅速发展的需要、官员委任制造成地方政府行为扭曲外，还由于户籍制度限制人口流动，地方政府对回应当地公众需求缺乏动力。这种情况下，"用脚投票"对财政分权中的作用在我国无法发挥。与此同时，传统财政分权理论中"用手投票"的机制在我国也基本失效。地方官员由上级政府选拔任命,他们更多关注有助于晋升的经济建设项目,而忽视公共物品的提供。这些都使财政分权机制没有发挥预想中的作用。

目前,我国减少财政层级,各地推进省直管县和乡财县管等项改革,但它与现行行政管理体制还存在摩擦。一些地方反映,财政上是省直管县,财政资金、专款、项目、财政预算由省对县直接下达,而行政上仍是省管市、市管县,县级计划生育、财政收入的督察、报表汇总、结算等事项还是市级负责,县级行政权、审批权、人事权等仍由市级管理,县级政府的运行在很多方面受制于市,关系不顺。同时,省级管理的单位数量和需要处理的事务增多,管理压力增大。此外,市、县在财政上形成平等的主体,有利的事项相互争夺,需要承担责任和投资的事项则相互推诿。

第三节　财政事权不匹配的矛盾与事权调整

自1994年分税制改革以来,中央和地方财力和事权格局发生了重大逆转。此前,是中央承担的事权多而财力微薄,此后经过多年累积,至今已形成中央承担的事权少而财力雄厚的局面。地方政府以相对微弱之财力,承担主要公共服务和基础设施建设的支出责任。在地方财政入不敷出的压力之下,各地"土地财政"盛行,地方债规模越滚越大。此种格局不仅构成了重大风险,更使稳定的中央和地方间财政关系陷入困局。长此以往,必将极大地影响各级政府职能的顺利和有效实施,威胁市场经济的健康运行,甚至破坏社会团结和政治稳定的大局。

为了应对这一风险,从制度上弥补地方政府收支缺口,近年来学界提出了不少解决问题的思路。概括而言,不外乎从地方政府增收和减支两个方面采取措施。

一、科学界定中央与地方的事权

通过观察不同财政体制改革背景下的指导原则,十八届三中全会召开之前强调的是事权与财力相匹配。十八届三中全会《中共中央关于全面深化改革若干重大问题的决定》公布之后,越来越重视事权的配置和范围界定。一方面强调事权和财力应该相配套,即政府承担的公共职能要有相应的财力进行支撑,凸显对公共财产的治理;另一方面,强调权责相适应的法理基础和权责互生的理论思想。建设现代财政制度,首先要将中央与地方不同层级政府间的事权划分清晰,在此基础上才能够合理划分中央与地方政府的财政分权。其次,对于适合由中央政府和地方政府共同履行的公共服务职能,相应的事权可以由中央与地方政府共同承担。这种做法可以让政府更有效率地为民众提供公共产品和公共服务,更体现出公共性特征。

当在法律规定中对中央和地方政府的事权范围进行合理界定,进而便可确定各自所应承担的财政支出责任范围。首先,中央与地方政府的事权范围应按照政府各自职能和权力边界来确定。因为财政具有宏观调控的功能,政府的财政支出活动不同于一般经济生活中的竞争行为,中央与地方政府的财政支出范围在考虑提高公共服务水平的同时,也要根据市场发展情况进行确定。当市场处于正常交易状态时,就不必动用财政这一宏观调控手段;但当出现市场失灵的情况时,政府应按照其所承担的职能履行相应的支出责任。

在确定中央与地方事权的范围、界限之时,应该遵循公共性原则划分不同级次政府的职能。该原则也意味着应考虑到禁止逾越私人的财产权利。要尊重民众的自主性,不扰乱经济发展规律。根据财政分权法定原则,在进行中央与地方政府的事权划分时,必须要从法律层面明确中央与地方政府的职能和权限。

现实情况是,我国宪法中并没有关于中央与地方事权的明文规定:我国宪法第六十二条、六十七条、八十九条、一百二十六条等分别规定了中央政府权力机关、行政机关以及司法机关的事权范围,但是关于中央和地方的事权的明确划分并没有明确规定,例如《宪法》第八十九条(七)规定国务院"领导和管理教育、科学、文化、卫生、体育和计划生育工作"。但是从我国目前来看并没有一部法律来明确规定教育、科学、文化、卫生、体育和计划生育工作的事权在中央和地方是如何划分的，这就是我国中央与地方政府在这些项目的事权存在重合的原因。因此《中央与地方关系法》的制定是我们目前所需要的，并且是有效划清中央和地方事权的利器和保障。

具体来讲，涉及国家安全、外交以及中央政府各机关的一般行政管理、各地区之间的协调发展以及对国家整体经济进行宏观调控和引导的事权，像反垄断、国家标准制定、知识产权保护，国家安全和外交，全国性重大传染病防治、战略性自然资源使用和保护以及跨区域重大项目建设维护等事务，仍然应该划归中央政府并由中央政府承担支出责任；此外，科学技术、节能环保、农林水、住房保障四个投入高、收益周期长，但是对整个社会乃至全生态有重要意义的项目也应划为中央政府的事权范围由中央承担支出责任；而地方政府的事权范围应该包括地区经济发展、地方的一般行政管理、地方政府管辖范围内的区域性协调等，此外，像教育这种地方政府已经充分认识到其积极性的项目，以及文化体育与传媒、社会保障和就业、医疗卫生与计划生育、交通运输等受益周期短，地方政府积极性特别高的区域也应该划为地方政府的事权范围。同时允许地方政府以地方立法的形式明确省以下政府之间的事权划分，尽量减少上面决策下面执行的事项。

二、缩减地方政府责权

要缩减地方政府的事权范围和相应支出责任。包括重新界定和清晰划分中央和地方事权范围，特别是确立新增事权的归属，明确各级政府职责。此举有利于适当减少地方事权。这些新增职能包含环境保护、食品药品安全管理、社会稳定、养老和医疗保障等。在1994年实施分税制改革并划分中央和地方事权时，社会对以上政府职能的需要还不强烈，因此这些政府职能未被视为主要事权作出清晰划分。明确各级政府支出责任，也就是明确谁的事权谁出钱。此举有利于解决"中央请客、地方掏钱"的问题。事实上，自1994年分税制改革以来，原有的中央和地方政府间的事权与财权格局并未发生改变。之所以地方财力明显拮据，一个根本性的原因是中央政府在原有事权未变的前提下，将大量原有和新增事权的支出责任"委托"给地方政府，并不附带相应的资金转移。这些支出责任包括基础教育、司法公正和社会维稳等。

三、扩增地方政府收入

要扩大地方政府财力与财权。包括在不调整现有中央和地方财力格局的情况下，调整中央对地方转移支付的结构，扩大一般性转移支付规模，减少专项转移支付和相应的地方配套资金要求。此举有利于扩大中央对地方转移支付总盘子中地方政府可自主支配的转移支付份额，提高地方政府财力自主度。健全和完善地方税体系，增加共享税中划为地方收入的比例，以提高地方自有财力。此举被认为是保证地方财力自主与稳定的治本之道。允许地方根据实际财务情况拥有一定债务自主权，以平衡可能出现的财政赤字。扩大地方税收立法权，使其根据地方财政支出需要，在税基、税率和税收优惠等制度要素上充分自主。上述各项方法结合起来，从收支两翼双管齐下，达到使地方政府增收减支的效果，增强地方政府承担与其事权对应的支出责任的能力。在支出一翼，十八届三中全会同时强调了适当缩小地方事权与支出责任两个方面，从中央政府角度看，就是要"适度加强中央事权和支出责任"。一方面，十八届三中全会公报提出"必须完善立法、明确事权"，使各级政府职责分明；另一方面，十八届三中全会《中共中央关于全面深化改革若干重大问题的决定》（以下简称《决定》）提出"建立事权和支出责任相适应的制度"，使"中央和地方按照事权划分相应承担和分担支出责任"。

在收入一翼，即在各级政府履行事权和承担支出责任的财力保障上，《决定》强调，一是"完善一般性转移支付增长机制"。这意味着在转移支付总盘子规范不变的前提下，"清理、整合、规范专项转移支付项目，逐步取消竞争性领域专项和地方资金配套，严格控制引导类、救济类、应急类专项，对保留专项进行甄别，属于地方事务的划入一般性转移支付"。特别指出，"中央出台增支政策形成的地方财力缺口，原则上通过一般性转移支付调节"。二是"完善地方税体系"，并在"保持现有中央和地方财力格局总体稳定"的前提下，"结合税制改革，考虑税种属性，进一步理顺中央和地方收入划分"。三是在地方税权方面并未放开,强调"加强对税收优惠特别是区域税收优惠政策的规范管理","税收优惠政策统一由专门税收法律法规规定,清理规范税收优惠政策"。这表明在地方税种的税率和税基自主权上,没有松动表现。可以预测,"完善地方税体系"对于地方财力自主性的意义将仅仅体现在地方税的收入归属上,而不会涉及赋予地方税立法和管理方面的更大自主权。四是关于地方政府举债权的问题,《决定》中除了"建立规范合理的中央和地方政府债务管理及风险预警机制"的原则性表述外,没有具体内容,因为它没有触及地方财力和财权问题。

随后,《决定》全文发表,习近平总书记在对《决定》的说明中强调,"这些改革举措的主要目的是形成中央和地方财力与事权相匹配的财税体制,更好发挥中央和地方两个积极性"。《决定》是想通过对事权和支出责任的先行调整,实现在"财力"的层面解决地方财务困境的意图。尽管理想的分税制应当使各级政府事权与财权相统一,但在具体实施中却难以做到。财力与事权相匹配,这实际是在2007年十六大报告中所提出的处理中央和地方财政关系的基本原则,相较1994年分税制所确立的事权与财权相统一的原则已经有了更加务实的改变。研究发现,20世纪70年代以前,世界各国税制普遍具有明显的集权特征。主要表现为中央政府享有较大的税收决策权、拥有收入较稳定且数量较大的税种,在全部税收中占有较大的份额;而地方拥有的则多为小税种,相应的税权也较小,在总税额中所占比例较小。这种不对称首先是由财政职能上的集权性质所决定的,因为相比较地方而言,中央政府承担了较多的财政职能。20世纪50年代后期,财政分权的理论日渐兴起,20世纪70年代以来,从发达国家开始出现了一种财政责任下放的趋势,后来这种理论又逐渐向发展中国家和转轨国家蔓延。然而,政府间财政收入的分配格局,并未伴随着财政职能的下放而发生根本性的变革,因此,地方财力吃紧仍是一个世界性的课题。

长期以来,各国解决这一问题的重点,仍然放在政府间转移支付方面,即力图通过中央对地方的财政转移支付弥补地方财力不足。但是,从其他国家财政分权的经验来看,虽然通过一般性转移支付,扩大地方转移支付规模,实现地方事权与其支出责任对应的做法能够在一定程度上缓解地方财力之困,但是未能在增加地方财力的同时,同等程度地提升地方政府对地方性公共事务的回应性和责任心。

各国亦广泛尝试了其他权宜性手段。这些手段分别体现在对各个具体税种的改革上。一方面，它们都不同程度地起到了缓解地方财政困难的作用；另一方面，似乎都存在着与转移支付同样的问题，即在激发地方政府回应当地公共服务需求的责任心方面稍显欠缺。20世纪90年代以后，为缩小分权体制下地方政府收入与其支出责任不对称的差距，各国开始在理论和实践上转向探索健全、完善的地方税体系建设的问题。至今，关于地方税体系的建设，在收入归属权的配置上应当满足地方事权和支出需要方面，没有争议。但在多大程度上给予其地方税的立法权和税收管理权，仍然处在实验阶段，理论上也很难给出规范性的指导意见。在中国的财政分权实践中，也一直存在各级政府事权与支出责任不相对应问题，事权与财权相统一的原则屡屡受挫。2012年《中华人民共和国预算法修正案（草案二次审议稿）》提出，将事权与财权相统一的原则改为财力保障与支出责任相匹配原则，侧重解决中央和地方关系的资金分配问题，但对事权与财权的配置问题有所忽略。此次十八届三中全会《决定》一方面从解决各级政府事权与支出责任相适应问题入手，规范各级政府各自的事权和支出责任；另一方面从满足各级政府与其支出责任相适应的可支配财力入手，规范各级政府相应的财力配置。这既治疗了事权与支出责任不相适应的顽疾，又回归了财力与事权相对应的分税制轨道，且符合全球经验中的传统做法。可见，《决定》不仅体现了决策层对财政制度运行中存在问题的深刻把握，也意味着其对现有研究成果的充分吸收，是在对中国具体国情的准确认识基础上，作出的较为谨慎的决策。

需要强调的是，《决定》作为中长期的发展战略，在实施中应当保持适当的开放性。随着中国财政分权实践的发展，行政体制改革，官员考核、晋升和任命制度的变化，以及人民代表大会制度和社会主义民主制度的日益完善，应考虑逐渐将全面的地方政府税权建设纳入到制度建设中去。

第四章
政府教育事权履行能力分析

第一节 教育的层次性及其事权和支出责任

一、教育的作用与投入

联合国教科文组织20世纪70年代制定的《国际教育分类标准》(International Standard Classification of Education, ISCED; 1997年修订),将教育定义为"旨在为学习而设计的有组织性的、有持续性的交流活动"。本书所称教育指由教育机构提供的"交流活动",不包括家庭教育、社区教育等。

印度经济学家阿马蒂亚·森(Amartya Sen)曾说,教育作为一种基本能力,其被剥夺与否,是衡量社会是否给底层提供一条改变其命运的通道以及政府的公共政策是否得当的核心因素所在。这里提到的教育是作为纯公共物品的基础教育,在许多国家它被列为义务教育,提供这种教育既是政府的义务,也是家长、社会的义务。

孟德斯鸠(1748)《论法的精神》中提出,我们最先接受的法律便是教育的法律,因为这些法律是为我们做公民而准备的。在不同政体下,教育的目的是不同的。

作为一种混合型公共物品,教育不仅是一种消费行为,也是一种人力投资,教育是人力资本形成和积累的主要途径。教育投资具有数额大、见效慢、回收期长、外部性强等特点。公共教育就其为每个人提供平等机会而言具有再分配的意义,而且它还能产生极强的正外部性。教育投资不仅有私人收益,还有巨大的社会收益,它的目标是提高社会总福利水平。如果教育由私人供给,只提供给有支付能力的人,就不能得到全部的社会收益;如果仅由公共部门提供,私人收益也不可能完全实现。教育的属性决定了其必须由政府和市场共同提供。

在公共教育支出中,政府是主体、教育是客体;而从教育的视角来看,政府是教育的重要经费来源之一。本章主要基于教育的特性和层次性来分析政府在不同类别教育中所应承担的职责和支出责任、教育投入的社会收益。马歇尔（Alfred Marshall）认为，教育不仅有助于提升社会各阶层人们的生活，还能在社会阶层之间起到缓冲器的作用，它是实现社会流动、发掘人们潜在能力的手段。

20世纪末，21世纪教育委员会向联合国教科文组织提交的报告认为，教育在社会发展和个人发展中起基础性作用；教育是社会的核心，是提高社会生活质量的基本手段；在21世纪到来之际，教育和各种培训已成为发展的首要推动力；教育投资是能产生长远效益和回报的经济投入和政治投资，是一种社会性投资。这些观点对各国教育决策和实践具有指导意义。经合组织（Organization for Economic Co-operation and Development，OECD）认为，教育政策不仅是人力资本的积累，更是加强社会和谐的关键，孩子们所受的教育，对他们形成社会归属感非常重要，许多国家通过学校和教育来增进社会的包容性。学校既为积累社会资本打下了基础，也是形成并传播普世价值的地方。研究还表明，教育不充分和个人需要经济援助之间显示出强烈的正相关。公共教育体系能改变个人的命运，阻断贫困的代际传递。

公共教育支出是政府促进经济发展的重要政策工具，政府不仅是全社会教育投资的重要组成部分，与私人、社会投资形成互补，而且，政府还通过规划、引导、调控、监督等行为，影响其他社会主体投资教育。我国在经济结构转型升级中，更需要加大教育投入，提高劳动者素质，推动产业升级，以消减人口红利减少对中国经济的影响。

教育投入的区域影响。在对教育与经济协调发展的研究中，布鲁斯通（Bluestone，1993）修正了早先基于传统经济的研究，提出劳动者的教育对区域影响的新领域。他认为，教育对区域的影响除了对经济增长的直接效应外，还包括通过高等教育可以培养出熟练的劳动者，他们比没受过高等教育的人能获得更多工资报酬，对区域的税收贡献更大。

大量研究表明，学校的观念是影响一个地区个人和企业选择的重要因素，也必然影响特定辖区的财富。良好的公立学校是企业选址的一个重要因素。在我国许多地方，学校不仅能传播知识，也是精神文化的中心。

教育投入的私人收益。在获取社会收益的同时，教育也增加了个人的劳动价值，对高收入的期望推动人们将更多资源投资教育，这在高等教育中表现最为明显。正是基于此，近年在财政压力下，英国、澳大利亚等国对高等教育开始由完全免费改为向个人收缴部分费用，以筹集资金。

从私人收益来看，教育是一个人在其生命周期中所获得的人力资本。作为一种投资，它通常以受教育的年限来衡量，以工资的形式作为回报。与初等教育相比，高等教育的投资回报率急剧上升。马斯格雷夫（Masgrave）认为，高等教育的预期收益包括：学生收入的提高、学生从受教育中获得的满足感、社会外部性收益。教育作为以服务形式呈现的无形产品，不仅要投入资金，还需要有因材施教的方法，并与受教育者的资质、努力程度相关，因此，其收益很难量化。马斯格雷夫提出的三项收益中只有第一项能衡量，目前仍无法对教育产业哪怕是可能的总产出进行估算。

在公立学校，教学内容以及所传播的观念作为政治程序的一部分；而在私立学校，学校方案只要满足特定群体的需求即可，这体现了教育的丰富性。政府发展公立学校还是私立学校，这往往需要在是提供一个共同核心价值观还是鼓励教育多样化之间进行权衡。

二、公共教育支出

公共教育支出又称教育财政支出、政府教育支出，按照国际标准，公共教育支出为各级政府的教育支出总和。在各国，教育都是公共支出的大项。目前，教育是我国最大的财政支出项目。各国除义务教育经费完全或大部分由政府承担外，其他阶段的办学成本多实行由政府、社会、学生及其家庭等共同分担的机制，但政府一般是各类教育投入的主体。

政府投入教育的手段主要有：拥有所有权，如建公立学校；通过管制、许可证、税收、补贴、转移支付和契约等形式进行管理；通过税收或补贴影响市场，或通过对学生及其家庭补贴、发放奖学金来降低就读成本，鼓励学生完成高等教育；对义务教育实行全额补贴；实行委托服务，一些学区与私人签订合作协议，由企业提供交通、保洁和餐饮等服务；还有一些地区开始在小学和中学教育阶段有限制地使用教育券，以此实现转移支付。政府投入教育到底实行集权还是分权？我国目前采用中央与地方合作的方式进行教育投入，以地方筹资为主。

我国教育经费来源主要有：国家财政性教育经费、民办学校中的举办者投入、社会捐赠经费、事业收入及其他教育经费等。教育类公共支出主要包括：教育行政管理、普通教育、职业教育、成人教育、广播电视教育、留学教育、特殊教育、教师进修及干部继续教育、教育费附加安排的支出、地方教育附加安排的支出、其他教育支出11项。普通教育又分为学前教育、小学教育、初中教育、高中教育、高等教育、化解村义务教育债务支出、其他普通教育支出7项；职业教育分为初等职业教育、中专教育、技校教育、职业高中教育、高等职业教育、其他职业教育支出6项；成人教育分为成人初等教育、成人中等教育、成人高等教育、成人广播电视教育、其他成人教育支出5项；广播电视教育分为广播电视学校、教育电视台、其他广播电视教育支出3项；留学教育分为出国留学教育、来华留学教育、其他留学教育支出3项；特殊教育包括特殊学校教育、工读学校教育、其他特殊学校教育支出3项。教育费附加和地方教育附加所安排的支出主要用于城乡中小学、中等职业学校校舍和教学设施的建设、维护。

财政教育事业性支出按用途可分为人员经费和公用经费两大类，人员经费主要指工资、补助工资、职工福利费、离退休人员费用和人民助学金等几项直接用于个人开支的项目。公用经费主要指公务费、设备购置费、修缮费、业务费等几项用于公务性开支的项目。人员和公用经费的占比一定程度上可反映财政支出效益的高低，人员经费占比高，说明养人的费用高，可能人浮于事；公用经费一般用于改善办学条件、提高办学质量，符合支出的效益原则。

教育基本建设支出不仅包括教育部门的投资，也包括其他部门用于各自行业内教育事业的投资，如公安部门用于公安学校的基建投资。教育基建投资的资金来源除财政外，绝大部分为单位自筹，甚至还有少量外资。

三．教育的层次性及其支出责任

政府要在教育投入中发挥基础性、引导性作用，不仅要明确各级政府在各类教育中的支出责任，还要通过规划、激励、监督等，鼓励企业或其他社会主体投资教育。教育既具有纯公共物品的属性，又具有准公共物品和私人物品的属性。它的受益范围既具有地域性,又具有较强的外部性。因此,要根据教育的阶段性特点和不同教育产品的特性分层次提供。

区分不同层次教育产品的属性,并根据其收益情况来合理划分投资主体,是提高教育资源配置效率的首要任务。因为既有社会收益又有私人收益,在教育投资中就必须将政府投入和市场投资结合起来,并根据其边际社会收益和边际社会成本来决定政府的参与程度。沃尔什(Walsh)将教育分为中学前教育和中学后教育,认为很多中学前教育没有太多考虑经济回报,其目的是提供政治教育和文化教育,而中学后教育更倾向于为特定经济原因服务。

特里萨·特尔·米纳什(Teresa Tel – Minaj, 2003)提出,在教育领域最常见的支出责任分配模式是:地方政府负责初等及中等教育,中央政府或地区政府负责中等以上层级的教育事业。一些国家将教育支出责任下放给地方,但中央政府在全国性教育政策及标准制定、教育融资等方面扮演着重要角色。

王善迈(2012)认为,教育服务的产出可分为三类:价值规范、人力资本和技术知识。相应地,教育可分为:普通型教育、专业型教育、研究型教育。普通教育具有巨大的稳定外部性,可以减少社会摩擦;研究型教育有很强的增长外部性;专业型教育具有工资外部性,但私人产权性质也很强。据此,专业型教育应更多地由个人承担其支出成本。

第二节 各级政府教育事权划分的案例分析

本书选取了东部、中部、西部等比较代表性的地区,从经济基础、教育政策、资源等方面对各地政府教育事权模式进行分析,总结各地经验与不足。

一、浙江省政府教育事权研究

浙江省地处我国东部,2017年全省GDP排全国第四位、人均GDP排全国第五位,是我国经济最发达的省份之一。浙江省包括 11 个地级市、58 个县(市)。其县域经济不断壮大,2013 年全国百强县排名中,浙江省占据了 14 个,县域经济较发达。①

(一) 浙江省财政分权改革历程

新中国成立之初,全国均执行国务院的决定,实施高度集中的统收统支财政体制,浙江省也不例外。1953 年起中央政府取消大区一级财政、增设市(县)一级财政,浙江省在此政策背景下,普遍设立市、县级财政,并且沿袭了实际上的省管县体制至今,这在全国的省份中绝无仅有。浙江省财政分权的起点实际上是 1953 年,比全国早 27 年。具体的财政分权改革实践可分为以下几个阶段:

1. 财政"省直管县"与包干制并行阶段(1953~1992 年)

浙江省普遍建立县市一级财政,划分县市财政收支范围。为进一步发挥县市组织收入积极性,在扩大县市财政固定收入的基础上,还将工商营业税、工商所得税划为县市的固定比例分成收入。1956 年并乡以后,建立了"收支两条线"的乡镇财政,各个乡镇设立财粮委员,直接与县市财粮科发生财务和经费领报关系。

浙江省参照中央对省财政体制办法,省对县市也实行"划分收支,以收定支"办法。1959 年,专署、县分别成立一级财政(县财政不包括在专署财政之内),省对下体制基本按照中央对省的体制办法执行,1967 年以前实行"总额分成、一年一变",1968 年实行"收支两条线",1969~1970 年又恢复"总额分成"办法。1971~1973 年专署建立一级财政,省不再与县市财政直接发生关系。省对专署按核定的预算收支指标确定收入留解比例,并实行预算收入超收部分省与专署四六比例分成。1974 年起,省对地区试行"收入按固定比例留成,超收适当分成,支出按指标包干,结余留归地方"的体制。1976 年起省对地区实行"定收定支、收支挂钩、总额分成、一年一定"的办法。1978 年中央试行"增收分成"体制,省对地区实行"定收定支、收支挂钩、增收分成、下年使用"的办法。

---

① 资料来源:国家统计局,https://data.stats.gov.cn/index.htm;浙江省人民政府,http://www.zj.gov.cn/col/col1544731/index.html。

1980年起,浙江省按照中央对省实行的"划分收支,分级包干"的体制原则,全省各地区除舟山地区作一级财政实行全地区包干外,其余地市本级的财政视同县级财政实行包干。1985年中央对省实行"划分税种,核定收支,分级包干"体制。省对地、市、县在重划收支范围、调整收支基数的基础上,以工商三税为调剂收入,工商三税以外的地方收入为固定收入,参照"划分收支,分级包干"的办法核定各地、市、县的上交定额、调剂比例和补助定额。1988~1990年中央对省实行"收入递增包干"的过渡办法,省在"划分税种、核定收支、分级包干"的基础上,对定额上交和工商三税调剂分成比例在90%以下的52个市、县,实行"递增上交、超收分成"的包干办法。

2. 财政"省直管县"与分税制并行阶段(1992~2013年)

1992年中央在浙江省实行省对市、县"分税制"试点。浙江试点成功后,中央于1994年在全国全面实施中央与地方的"分税制"改革。因此,浙江省也是全国最早试行"分税制"改革的省份之一。

省直管县改革的目标要突破县域经济发展瓶颈、实现财政权利的再分配,其整个过程应着眼于促进县域经济发展,而不仅仅是"管理者"由"市"变更为"省"。因此彻底转变政府行政职能,才是问题解决的突破口。浙江省一方面注重县级政府的扩权,分别在1992年、1997年、2002年、2006年和2009年进行了五轮"强县扩权"和"扩权强县"改革;另一方面注重省级政府减权,自1999年起,浙江省连续实施三次革命性减权,对省级审批事项进行消减。原有的3 251项省级审批权限锐减到630项。通过"扩权"和"减权"为县域经济发展"松绑",减少了审批环节、提高了行政办事效率,促进了县域经济的快速发展。浙江省县(市)人均GDP增长超过了地级市人均GDP增长。然而由于浙江省各市县经济基础差距客观存在,区域经济增长不平衡的状况仍将继续。

(二)浙江模式的经验与不足

浙江省是我国最早实行"省管县"改革并坚持至今的地区,积累了许多经验,其模式被称为浙江模式。

浙江省通过不断完善的配套措施保障了省管县体制的顺利实施。虽然浙江省从1953年起就开始确立县级政府与市级政府在财政地位上平等,实行省管县体制,但是其改革并不是一蹴而就、一步到位的。浙江省先后通过五轮扩权改革,干部管理制度改革、经济社会管理权限下放等改革依次配套进行,才真正在全省范围内实现财政、事权双下放。因此全国其他省份可以结合当地实际情况借鉴浙江模式,少走弯路发挥"后发优势",同时避免急于求成思想,因地制宜地不断完善相关配套措施。

特别值得称道的是,浙江省还在试点经验总结基础上,力图从法律上界定省、市、县关系,规范各级政府间权力配置,实现权力资源配置优化,使其规范化、法制化、制度化。《浙江省加强县级人民政府行政管理职能若干规定》(以下简称《规定》)于2009年8月1日正式实施,它是我国首部推进"扩权强县"的省级政府规章。浙江省在财政体制改革中"先行先试",其积累的经验值得推广。

虽然浙江省出台《规定》使"省管县"体制在法律地位上有了重大突破,但是《规定》在法律体系中位阶太低,因此其稳定性不够、法律效力较弱。而且,浙江省政府间关系的调整、权力的配置,主要限于政府内部,缺乏各级人民代表大会等权力机关的授权及监督管理。人大作用弱化,各级人大财政立法权、决策权、财政监督权形式化较强。这种情况可能导致人大对政府财政权难以实现有效约束。另外,浙江省预算外资金收入规模大,但体制外分成现象普遍。对于预算外资金收入的管理权限划分缺乏有效的制度约束,这也是全国各省份普遍存在的问题。

二、山东省政府教育事权研究

山东省位于中国东部沿海、黄河下游,是中国经济最发达的省份之一,2018年,全省生产总值76 469.7亿元。山东是中国的农业大省,农业增加值长期稳居中国各省份第一位。此外,山东工业发达,工业总产值及工业增加值居中国各省前三位,特别是一些大型企业较多,号称"群象经济"。

(一)山东省财政分权改革历程

山东省按照事权与支出责任相适应原则,确定在教育等领域开展省与市县事权和支出责任划分试点。山东在教育领域试点改革中,省级事权包括省级教育行政管理机构运行和管理，省级普通高等教育、技师教育、成人教育、广播电视教育、干部教育，全省义务教育阶段免费教科书提供等。市县事权包括市县级教育行政管理机构运行和管理、学前教育管理、义务教育管理、普通高中和中等职业教育（含技工教育）管理等。按照事权与支出责任相适应的原则，山东试点省级事权由省级财政全额承担支出责任，原则上通过省本级支出安排，省级直接组织实施。市县事权由市县承担支出责任，市县履行本级事权存在支出缺口的，省级可通过一般性转移支付给予支持。省与市县共同的事权，在科学评价各级财政保障能力基础上，逐项确定省与市县支出分担责任。

2016年，山东省人民政府办公厅转发省财政厅等部门《关于在教育卫生计生交通运输领域开展省与市县事权和支出责任划分试点的意见》的通知，确定开展省与市县事权和支出责任划分试点。教育领域省与市县事权和支出责任划分主要内容包括：

（1）省级事权：省级教育行政管理机构运行和管理；省属普通高等教育、技师教育、成人教育、广播电视教育、干部教育及其他教育管理；全省义务教育阶段免费提供教科书等。

（2）市县事权：市县级教育行政管理机构运行和管理；学前教育管理；义务教育管理；普通高中和中等职业教育（含技工教育）管理；市属高等教育、技师教育、成人教育、广播电视教育、干部教育及其他教育管理等。

（3）省与市县共同事权：学前教育政府助学管理；义务教育学校日常公用经费（含免杂费）管理，义务教育家庭经济困难寄宿生生活补助；普通高中国家助学管理，中等职业教育（含技工教育）免学费、国家助学管理；高校毕业生基层就业学费助学贷款补偿管理等。

该通知指出，事权和支出责任划分指导思想是，全面贯彻省委、省政府关于深化财税体制改革的战略部署，坚持立足全局、统筹规划、分步实施、重点突破，在科学界定政府与市场、社会边界的基础上，通过实施清单式管理和动态调整机制，逐项梳理确定教育、卫生计生、交通运输领域省与市县主要事权项目，探索理顺划分省与市县相关领域事权和支出责任，实现教育、卫生计生、交通运输领域事权和支出责任在省、市、县各级的科学、清晰、合理配置，为全面推进省以下事权和支出责任划分积累经验、探索路子。

(二) 山东模式的经验与不足

教育、卫生计生、交通运输领域与民生密切相关，是推进基本公共服务均等化的重点和关键。近年来，各级加快转变政府职能，不断完善教育、卫生计生、交通运输投入机制，全省教育、卫生计生、交通运输等领域基本公共服务保障水平稳步提高，基本形成了覆盖城乡、分级负担的公共服务保障体系。在教育、卫生计生、交通运输领域开展省与市县事权和支出责任划分试点，确定事权项目清单，理顺支出责任，有利于进一步明确各级政府职责，提高公共服务供给效率和质量；有利于积累改革经验，为全面深化省与市县事权和支出责任划分改革，加快形成法制规范、分工合理、职责明确、运转高效的政府间事权纵向配置和运行机制创造有利条件。

三、西藏自治区政府教育事权研究

新中国成立以来，西藏自治区教育事业获得长足发展。其义务教育在政府的规划和支持下，下属各个地区逐步形成了较为完整的教育体系。

(一) 西藏自治区财政分权改革历程

西藏自治区基础教育改革发展成果取得了一定的成果，表现在以下几个方面：

1. 经费方面

（1）预算内人均公用经费标准逐年提高，保障能力不断增强。预算内人均公用经费剔除了人员经费因素，是学校的正常运转保障经费。预算内人均公用经费标准的不断提高，使得西藏各级各类学校的正常运转能力逐步增强，保障能力不断提高。教育经费总投入逐年增长，2000~2012年均增幅23%。教育部、国家统计局、财政部教育经费统计公告显示，新世纪以来西藏教育经费投入逐年增长，2000~2012年间教育总投入532.32亿元，2012年教育总投入99.61亿元,是 2000 年总投入 8.51 亿元的 11.7 倍,年均增长率达到 23%。①

(2) "三包"及助学金标准逐年提高,实行"三包+营养"供餐模式。为加快发展西藏教育事业,培养各级各类专业人才,国家从 1985 年起在我区农牧区中小学校实施"三包"(包吃、包住、包学习费用)和助学金制度,这是党中央、国务院对西藏各族人民的关心,也是一项特殊的优惠政策。2011 年开始将所有农牧民子女纳入"三包"范围,实行了学前教育农牧民子女补助政策,并开始对城镇困难家庭子女实行助学金政策。这项政策受到了广大人民群众的热烈拥护,对调动广大农牧民子女上学的积极性、促进基础教育事业的发展、提高全民科学文化素质起到了极其重要的作用。②

(3) 实施 15 年免费教育政策,健全中小学教育经费长效保障机制。从 2006 年起建立并完善了"财力渠道不变,预算核定到位,支出统筹安排,经费集中管理"的农村义务教育经费保障新机制,实施经费"校财局管"新模式。对学前至高中教育阶段所有学生实行免收保教费、学杂费、住宿费、免费提供教科书和作业本的 15 年免费教育政策,每年减轻家庭负担约 4 亿多元,使全区 54 万余名学生受益。2018 年西藏将提高教育"三包"标准,下半年将在春季基础上年生均提高 240 元,其中伙食费占 80%~87%。③

2. 教育政策方面

(1) 城镇学前免费教育。为促进学前教育加快发展,全面实现学前至高中阶段 15 年免费教育目标,从 2012 年秋季学期开始实行城镇学前教育阶段公办学校免费教育和民办学校定额免费补助政策。免费标准为确定为每生每年 3 600 元,其中:保教费 3 000 元、交通费 350 元、幼儿读物 100 元、杂费 150 元(含被褥折旧费、美工本、水彩笔、毛巾、茶杯、餐具等)。2012 年秋季学期自治区财政安排了城镇学校教育免费(补助)资金 6 849 万元,惠及近 4 万名城镇幼儿,截至 2019 年年底,学前教育毛入园率达 84.42%。④此项政策的实施使我区

---

① 资料来源:历年《中国教育经费统计年鉴》。
② 中国政府网:《西藏农牧民子女教育"三包"政策惠及西藏 52 万孩子》,http://www.gov.cn/2012lh/content_2086927.htm。
③ 拉萨市教育局:《西藏自治区学生资助政策简介》,http://www.lasa.gov.cn/jiaoyuju/zcjd/201909/62f005536f99482a888fd70147a3cff3.shtml。
④ 自治区政府办公厅:《西藏自治区人民政府关于履行教育职责情况的自查自评报告》,http://www.xizang.gov.cn/zwgk/zdxxlygk/jy/202008/t20200822_171235.html。

全面实现了 15 年免费教育目标。①

（2）城镇义务教育免学杂费政策。从 2007 年秋季开始对公办义务教育阶段城镇学生免除学杂费，从 2008 年秋季开始，对接受政府委托、承担义务教育任务的民办学校就读的学生，按照公办学校免除学杂费的标准。小学每生每学期补助 170 元，初中每生每学期补助费 230 元。2001 年开始，向全区义务教育阶段学生提供免费教科书，确保课前到书。②

（3）农牧区寄宿制学校寄宿生交通补贴。从 2011 年秋季学期开始，对农牧区寄宿制学校住校生按每生每年 100 元标准安排寒暑假集中接送交通补助经费。2011 年安排经费 1 543.2 万元，2012 年安排经费 3 100 万元，2013 年安排经费 3 186.74 万元，累计 78.3 万人次享受该项补贴。③

（4）高中阶段免费教育政策。从 2011 年秋季学期实行全区高中阶段免费教育，重点高中 920 元/学期·每生，普通高中 620 元/学期·每生，免除项目为学费、住宿费、教科书费及杂费。自 2011 年秋季开始实施至今，共安排经费 3.08 亿元，惠及 4.8 万名学生。

（5）中职免费教育政策。从 2009 年秋季学期开始实行中等职业教育农牧民子女、城镇困难家庭子女免费教育政策，免费标准 2 500 元/学年·每生，免费项目为学费、住宿费，2009～2011 年，累计安排经费 1.03 亿元。从 2011 年秋季学期起，将中职免费教育政策纳入高中阶段免费教育政策范围，将免费项目扩大为免学费、住宿费、杂费和教科书费，免费标准为每生每年 3 300 元。④

（6）内地西藏班补助政策。党和国家历来十分重视西藏工作和西藏教育事业的发展，加快西藏发展。1984 年，中央决定全国教育援藏举办西藏班。1985 年秋季起内地学校招收西藏班学生。在中央领导的高度重视和亲切关怀下以及内地省市的大力支援下，在自治区的大力支持及办班学校努力下，全国教育援藏和内地西藏班办学工作取得了显著成绩。2012 年，西藏自治区内地西藏班在校生共计 1.56 万人，自治区财政对内地西藏班学生每生每年补助 4 500 元，其中：交通费 1 000 元，生活费 2 640 元，医疗费 250 元，装备 150 元，服装 150 元，活动费、取暖降温费、公杂费等 310 元。2011 年秋季开始免除了内地高中

---

① ② ④ 国务院新闻办公室网站：《跨越 50 年：西藏基本实现农牧区学前至高中阶段免费教育》，http://www.scio.gov.cn/m/ztk/dtzt/2015/33355/33362/Document/1447336/1447336.htm。
③ 中央政府门户网站：《西藏对农牧区中小学住校生实行寒暑假统一接送》，http://www.gov.cn/jrzg/2011-09/25/content_1956087.htm。

班每生每年 900 元学费,惠及 8 461 名内地西藏高中班学生。2010 年,为贯彻落实中央第五次西藏工作座谈会关于西藏教育工作的重要指示精神,加快培养一大批技能型、高素质劳动者和幼儿教师人才,中央决定从 2010 年开始在天津、辽宁、江苏、福建等 12 个中东部地区较发达省市国家重点中等职业学校举办内地西藏中职班,学制 3 年,每年招生 3 000 人。内地西藏中职班学生不但享受免学费政策及助学金政策,还享受年人均 5 000 元的学习、生活费补助及人均 1 300 元的进出藏交通费补助。政策自 1985 年执行以来,累计安排经费 6.43 亿元。①

(二) 西藏模式的不足

1. 教育领域的"越位"现象

主要体现在,一方面,按教育类型划分政府行为几乎涵盖了西藏地区全部教育类型;另一方面,政府行为在一定程度上影响了市场机制在教育领域对资源的配置作用。

2. 教育领域的"缺位"现象

首先,"缺位"现象体现在部分地区教育资源运转超负荷,部分教育类公共产品供给不足。西藏同内地省市一样,由于近些年农民及城镇居民关于教育观念的转变,对孩子教育需求大幅增加,以拉萨周边达孜县为例,全县学前教育幼儿园 11 个,现有学生 961 名,学前教育阶段教育资源已经超负荷运转,并且还存在没有入学的学生。同时,在小学和中学的义务教育阶段,拉萨市的教育资源总量也是相对缺乏,也存在着一定程度上的"入学难"现象。其次,"缺位"行为,体现在基本公共服务均等化水平的保障不足。众所周知,在西藏财政投入 1 块钱和在内地财政投入 1 块钱的结果是不一样的,用公共经济学专业术语表达就是"财力的均等化不等于财政能力的均等化",再进一步讲就是消费结果因不同地区会产生不同的影响。根据布坎南公共产品的定义以及世界的通行做法,义务教育属于最基本的公共服务,国家对义务教育领域关于教师和学生比以及教师与班级比等规定,在西藏是不适应的,或者说是达不到基本公共服务均等化内在要求,因为义务教育阶段多由西藏区县一级政府负责具体的实施,

---

① 王靖:《西藏教育领域事权与支出责任研究》,载《山西财税》2016 年第 6 期。

而学生以住校居多，由于交通、自然条件等因素的制约，加之维稳方面的考虑，每个老师需要承担多种角色的工作，包括授课教师、保育员、代课班主任等。以达孜县初中为例，每3个星期班主任老师才能休息3天，这3天中还包括接送每个学生上学和回家，扣除后的剩余休息时间仅为2天，但班主任津贴仅100元/月，仅考虑教师承担的多角色，师资力量的缺乏，就已经影响了基本公共服务均等化的质量。并且，在学前教育领域，专业幼师人才的匮乏，也是制约公共服务均等化水平的重要因素之一，以一个人为例，一个接受了专业幼师教育启迪和开发的幼儿在接受义务教育阶段的效果，肯定与未接受学前教育的幼儿在接受义务教育阶段的效果有着天壤之别。所以，综上所述，政府在西藏教育领域内的"缺位"现象主要体现在教育领域基本公共服务供给质和量两方面的不足。

3. 事权划分不甚合理

按性质来说应与义务教育一样属于基本公共服务，并且以风险等级划分涉及全局性的风险（在信息负责程度和激励相容方面更适合更好层次的政府事权），因为基本工资由更高级别政府保障，附加费用在基本工资计算时一并计算更为有效。虽然与自治区一样，西藏市级、县级经费保障都来源于上级转移支付，并且在一般性转移支付计算时，也已计算相关因素，但仅从行政效率角度考虑，应将重新划分此项事权，将支出责任与工资保障一样，由更高级政府履行。

4. 转移支付制度存在问题

一方面体现在专项转移支付的配套要求；另一方面，现在援藏机制存在着突出问题，例如，援藏教师援藏时间长短不一，存在不满三年，甚至是刚援藏一年就回本省，所带班级学生，刚刚熟悉教学方式就不得不重新适应新的教师，影响了正常教学计划和学生学习质量。

5. 共享事权过多，不利于提升行政主体效率

无论是从教育的类型划分，还是从项目划分，几乎全部教育领域事权都为共享事权，共享事权过多在一定程度上就是事权划分不清楚的体现，难以体现激励相容原则，不利于提升各级政府的积极性。

6. 经费投入、师资力量与内地相比仍存在明显差距

加强义务教育经费与师资力量投入，提高义务教育保障水平，使西藏自治

区义务教育进一步发展,最重要的就是要落实教育优先发展的战略,因地制宜,办出特色,走可持续发展的道路,稳步推进基础教育上一个新台阶。

四、湖北省政府教育事权研究

湖北省作为中部地区教育大省,高校众多。教育涉及面广,是关乎民生发展的重要领域,湖北省一直都十分重视教育的发展。

(一)湖北省财政分权改革历程

1. 各级教育行政管理事权与支出责任划分

湖北省各级教育的行政管理事权基本相同,主要包括教育政策法规制定、教育督导与监测、教育规划、教师管理、学校教学管理、招生考试、信息管理、学校安全管理、办学准入、学生资助资格认定等日常行政管理事务。省和市县依照各自行政隶属关系分别承担教育行政管理事权。教育行政管理的支出内容主要包括行政运行支出、机关服务支出和其他教育管理事务支出。其支出责任按机构设置的隶属关系分别纳入各级政府公共财政预算,即省属的教育管理机构纳入省本级预算,市属的教育管理机构纳入市本级预算,县区教育管理机构纳入县区本级预算。

2. 各级教育经费管理事权与支出责任划分

各级教育经费管理的共有事权主要包括教师工资、公用经费、师资培训经费、基本建设(校舍新、改扩建与维修经费和教学生活设施设备购置经费)、学生助学金以及其他各级教育特有的各专项经费管理事权等。其相应地由省与市县负担的支出责任在各级教育间存在显著差异。

(1)学前教育经费管理事权与支出责任划分。

学前教育公立幼儿园的教师工资由市县负责。其中,中小学附属幼儿园或幼儿学前班教师的工资纳入小学基本预算;独立公立幼儿园作为预算单位进入市县一般预算,其编制内教师工资纳入该预算单位的基本预算。学前教育公用经费未被大部分县纳入基本预算。据调研,除了十堰市城区以外,其他典型县学前教育公用经费主要来自收取的学杂费。另外,就学前教育师资培训而言,除了"国培计划"等骨干教育培训由上级财政负担外,其师资培训经费主要由市县财政承担,不足部分由学校自行承担。

(2) 义务教育经费管理事权与支出责任划分。

义务教育教师工资经费管理事权主要由市县承担。市县根据省核定的教师数和基本工资标准,负责除省招教师外一般教师的工资管理工作,并承担相应支出责任。湖北省目前的做法是,省对省招教师承担每人每年 4 万元补助支出。省招教师工资不足部分和省招之外占大多数义务教育教师的工资由县区纳入基本预算。就师资培训而言,除了国培计划等骨干教育培训由上级提供并负担外,其日常师资培训经费主要由市县组织,并按照学校年度公用经费预算总额的 5% 安排支出。实际中,由于参与"国培计划"教师的数量十分有限,师资培训的主要经费仍由市县负担。

(3) 高中教育经费管理事权与支出责任划分。

一是普通高中经费管理事权与支出责任划分现状。普通高中教师工资的核定、发放等管理工作主要由市县负责,其支出责任由市县本级财政全额负担。师资培训事务与义务教育相似,日常师资培训活动由市县组织、提供,其支出相应地由市县本级财政承担,约占普通高中学校公用经费的 5%。省和中央负责组织骨干教师、校长参与"国培计划、远程培训"等,并负担相应的培训支出。普通高中公用经费由省负责制定基础的生均拨付标准,市县负责具体的使用和管理事务。其支出由市县财政全额负担,经费来源主要为市县财政拨款和学生收费收入。

二是中等职业教育经费管理事权与支出责任划分现状。中等职业教育教师的基本工资标准由省负责制定,市县承担具体的管理工作,其支出由市县财政全额负担。师资培训由省和市县共同承担,日常师资培训活动由市县提供,本级财政按照中等职业教育学校公用经费的 5% 计提师资培训经费;省级负责引导开展骨干教师培训和"双师型"教师培养培训,由上级财政设置专项承担这部分师资培训支出。各市县中等教育的生均公用经费标准为 5 000 元,但省尚未出台关于生均公用经费标准的统一详细解释;只有部分市县根据当地中等职业教育事业发展的要求出台了相关细则,其支出由市县财政承担。中等职业教育免学费、国家助学金由省市县共同负责。省负责确定中等职业教育免学费、国家助学金的资助面和资助标准;市县负责核定受助学生的人数和资格等具体实施工作。在支出责任上，中央与地方按照6∶4的比例共同负担。地方负担部分，省属学校由省级财政全额承担，比照西部政策县市及林区由省与县市区按9∶1的比例分担，大中城市按省与市2∶8的比例分担，市辖区按省、市、区2∶5∶3的比例分担，其他县（市、区）按省、县（市、区）5∶5的比例分担。

（二）湖北模式的不足

通过对湖北省与典型市县教育事权与支出责任划分情况进行梳理不难发现，省与市县在教育事权与支出责任划分上，既存在部分教育事权落实不到位，也存在纵向和横向责任划分不清、不合理等问题。其存在主要问题大致归纳如下：

第一，省对市县教育规划的指导和监督事权责任未落实，市县对教育规划事权不重视，且存在规划能力和技术不足的问题。按照现行文件规定，省根据中央制定的全国教育规划，结合本地区社会经济发展状况，制定本省各级教育发展规划并定期检查指导，市县教育行政部门编制区域内教育事业发展规划，并负责教育事业的统计、分析、信息发布和管理工作。已有的文件对各级教育事业发展规划事权责任划分比较清晰，也比较合理。但实地调研发现，各级政府均存在该项事权落实不到位的问题。就省而言，省有各级教育发展规划，但缺乏专门的教育规划编制机构对市县各级教育事业发展规划进行指导，也没有对市县规划的落实情况进行定期检查。就市县而言，所调研市县均有教育事业发展规划，但由于市县对编制规划存在认识不足和重视不够，导致规划编制的质量较差，基本流于形式。

布局规划和年度项目计划是市县在教育规划上的另一项重要事权。所谓布局规划是指，市县依据编制的教育事业发展规划，确立其管辖范围内各级教育的机构数量和分布。所谓年度计划是指市县根据教育机构布局规划确立年度基建项目。按照省要求，"资金跟着项目走，项目跟着计划走，计划跟着规划走"，即省按照五年规划和年度计划的项目进行审批，并下拨专项资金，市县根据审批项目使用资金，不得对已有计划随意更换或进行重大调整。在实际运作过程中，市县在编制项目五年规划和年度计划时，更多考虑的是如何通过规划和计划来得到上级专项资金，而较少考虑项目的可行性、合理性和科学性。由于认识上的偏差，加之存在规划和计划的技术与能力不足等问题，市县在编制各级教育发展规划和年度计划上，几乎没有经过前期严格论证。没有严格论证的项目，在实际执行中带来两个后果：一是省按计划审批的建设项目，市县不做重大调整难以执行，若调整执行又存在资金使用不合规的问题；二是勉强执行基建项目，往往没有考虑城镇化过程中人口变动等多种因素，建起的教育机构因没有生源或者生源不足而存在严重资源浪费。

第二，学前教育地位和属性定位不明确，省与市县学前教育行政管理和业务指导事权职责严重缺位。首先，学前教育政府与市场责任边界不清的根源在于对其地位和公共服务性质定位不明确。学前教育是国民教育体系的重要组成部分，是与基础教育和高等教育同等重要的独立教育阶段，承担着儿童知识启蒙和道德塑造的重要作用。国外研究发现，接受良好的学前教育有提高儿童受教育程度、增加收入、减轻福利负担和减少犯罪等功效。因此，学前教育是具有公共属性的一个独立教育阶段，政府理应将其纳入公共服务，对其承担相应的事权责任。但当前社会对学前教育事业的重要性和公益性缺乏正确认识，既未将其看作独立教育阶段给予其同其他教育级次相同的地位，也未将其完全纳入社会公共服务体系。目前，湖北省大部分公立性质幼儿园为小学附属，幼儿园日常管理纳入小学日常管理，幼儿教育仅是小学教育的延伸，忽略了学前教育的特点和目标。从行政管理上看，湖北省各级学前教育事权大多交由地方教育行政部门的部分科室代管，没有独立的管理机构和人员配备，其教师编制多纳入义务教育进行混合管理。另外，各级政府对学前教育管理和投入迫于政治压力，尚未将其看作公共服务而承担相应责任，总体投入偏低。在经费短缺的情况下，学前教育因为是非义务教育、经费未单独列支，各项活动开展十分困难。目前，除部分直属机关幼儿园预算单列外，大多数幼儿园教育经费并入中小学进行核算，导致学前教育发展不能从根本上获得财政性教育经费保障和支持。

第三，省未制定学前教育财政拨款和收费标准，也未明确划分省与市县的支出责任，学前教育财政投入严重不足。政府已出台的学前教育相关文件未详细规定幼儿园的收费标准，如未明确界定民办幼儿园收费高于公办幼儿园的浮动比例，造成各类幼儿园收费标准不统一，价格管理混乱，不利于民办学前教育的规范发展。同时，湖北省尚未出台统一的生均财政性公用经费标准，安排经费具有随意性，幼儿园公用经费难以落实。地方发展学前教育的公用经费主要来自收取的学杂费。但对于经济落后的县而言，由于财力不足和缺乏强制性标准约束，学前教育的公用经费会被压缩。

目前学前教育支出责任主要在市县，但其对学前教育的财政保障十分有限。无论是经济发达的工业城市，还是财力薄弱、长期依靠上级财政转移支付的欠发达地区，学前教育经费来源单一，很多地方财政实质上皆为"吃饭财政"，难以负担区域内学前教育事业发展所需的相关资金。从总体投入上来看，学前教育地区总体投入虽逐年增加，但比重偏低，调研的三个市县学前教育支出总额占财政总支出的比重基本在0.5%及以下，占财政性教育支出的比重不超过3%。从支出责任主体来看，学前教育教师工资、公用经费和师资培训支出均由市县财政承担，省级政府未进行适当补助，经济水平发展程度较低的市县难以保障各项资金的到位。从省与市县共同负担的支出项目来看，省与市县在幼儿园新建、改扩建与维修上支出责任划分不清晰。中央出台相关文件成立专项，要求地方给予配套资金。实际中，园舍新建、改扩建与维修的资金绝大部分来源于中央拨款，市县无能力配套项目建设资金，省级财政未承担起相应的支出责任。

第四，市县承担基础教育教师工资支出责任过重，财政困难县不能完全兑现法定的人员工资支出。目前，高中教育教师工资由市县财政全额负担。在义务教育阶段，除了省招教师工资由省负担部分外，其余教师工资和省聘教师工资不足部分均由市县本级财政负担。以巴东和钟祥为例。2013年，巴东共有省招教师278人，按照省对省招教师每年4万元/人补助，省财政共补助1 112万元，承担教师工资总支出的比例约12%；2014年，省财政承担教师工资比重下降为9%，市县承担约为90%的支出，本级财政负担较重。钟祥4年间共分配省招教师373人，按照每人每年4万元/人补助标准，2015年一年约获取省级补贴373万元，当年钟祥市本级财政承担教师工资高达26 423.17万元，省承担教师工资比例不足2%。另外，如巴东和郧阳这类贫困市县，因地方财政困难，不能完全兑现教师绩效工资和近年人均新增工资300元。由于教师工资无法按照规定兑现，部分骨干教师流失严重。

另外，就教师培训支出而言，上级财政仅负担"国培计划"的师资培训经费，省安排市县参与"国培计划"等师资培训的教师人数较少。以钟祥市为例，参与幼儿园"国培计划"的教师每年不足10人，其承担各级教育师资经费的支出比例较小。实践中，占据较大支出比例的多数教师的日常师资培训经费往往由市县财政全额承担。然而，以大部分市县目前财力，通常提取各级教育学校公用经费的5%左右用于其师资培训经费，往往不能满足各级教育师资培训的支出要求。

第五，省要求县义务教育新、改扩建专项支出配备比例未区分对待，贫困县无财力配套。根据《湖北省进一步完善城乡义务教育经费保障机制实施方案》(2016)规定，中央和地方分别承担义务教育校舍新、改扩建项目50%的支出，地方承担部分由省和市县共同负担。其中，在地方承担部分中，除了对湖北省"参西地区"的配套支出比例做出特别规定外，省对各个县义务教育改扩建支出的配套比例规定没有差异，没有根据各县实际经济状况区别对待。如十堰、钟祥这类财力较好的市县，尚有能力按照该项规定对部分基建项目进行配套；但对于巴东和郧阳这类贫困县而言，由于其县财政能力十分薄弱，根本无力承担这些新、改扩建项目相应的配套支出，使得许多项目由于配套资金未及时到位问题而无法顺利实施，严重影响了审批项目的顺利完工。

第三节　政府教育事权划分的经验总结

基本公共服务非均等化发展的形成是各因素综合作用的结果。财政体制改革弱化基本公共服务均衡提供能力、基本公共服务事权和支出责任划分不合理，财政自给能力存在地区差异，转移支付对基本公共服务均等化提升效应有限，特别是财政激励机制扭曲地方政府行为支出偏好，上述因素共同作用促成了我国当前基本公共服务非均等化格局的形成。

一、集权与分权

在对公共教育支出的事权划分方面，各国差异较大。如法国、意大利等实行集中式教育体制，由中央政府完全负责提供学校经费；英国保证最低教育水平的工作由地方政府负责，经费来自分类拨款。目前，教育财政管理体制变化的趋势是：典型的中央集权制国家和地方分权制国家都从两极分化走向均权（合作制）。要根据国情，实现集权与分权之间的动态平衡和良性互动。

分权制国家采用设立专门机构、确立核心课程、增加拨款和专项经费、建立国家监测和评估体系等方式，加强中央政府对教育财政和行政管理的集权力度；集权制国家则通过立法进一步明确国家和地方在各层级教育中的不同责任，在课程管理和教学上赋予地方和学校更多权限，教育经费多方分担但赋予地方更多权限。

各国对教育的集权与分权也不是单一的，如日本的教育财政体制就是二战前高度中央集权制和二战后实行地方分权制相互结合的产物；德国在国家层面是分权制，但在州层面是集权制，各州对教育享有充分的自主权，地方教育机构的基本职能是执行上级命令，没有独立通过重大决策的权力；教育是瑞士地方自治最强的领域，每个州都有自己的学校体系，自由选择教科书和教师，由联邦政府为州的大学提供资助，经过长期努力，联邦宪法统一规定了义务教育学龄，职业学校属于各州，而联邦经济部控制着职业学校；在巴西、俄罗斯等国家，教育被列为联邦和地方政府的共有立法权。

国家在宏观管理层面通过教育立法、建立国家标准、专设机构、提供经费保障、建立研究和培训的长效机制、建立国家监测和评估体系等手段对教育进行引领和规范。同时，让地方和学校在达到基本标准和要求的基础上，充分发挥积极性、自主性和创造性，形成方法灵活、形式多样、高质量的教育模式。

二、义务教育渐进式均衡发展

发达国家义务教育的年限随着经济发展水平的提高不断延展。英国目前实行11年义务教育制（一般从5～16岁）。英国义务教育的发展也经历了一个过程：1833年通过《教育补助金法案》，开始建立现代意义的教育财政制度；1870年英国颁布《初等教育法》，规定每个学区都应在公立学校为本学区所有儿童提供教育，要求5～13岁儿童必须入学；1918年《教育法》将义务教育年龄延长到14岁；1944年延长至15岁；1972年又延长至16岁，建立了11年义务教育制度。到 20 世纪初，初等教育基本普及。2007 年《儿童计划》又提出到 2015 年将青少年教育年龄延长至 18 岁。

各国都强调义务教育均衡发展。日本自明治维新后，在乡村地区普及了基础教育。此后，日本义务教育投入经历了几乎完全由市町村负担逐步到由中央、都道府县和市町村共同分担的体制。日本实行 12 年义务教育，教育税成为义务教育经费的重要来源。日本《教育基本法》等法律规定了各级政府对义务教育所应承担的支出责任，如中央政府负责学校建设资金和教师工资的一半，县级政府负责学校建设资金的另一半，市町村基层负责用于校舍、设备维修保养的费用。为保证义务教育经费，中央政府向城乡义务教育财政实施补助，加大了转移支付，确保全国实施统一标准的教育服务，使义务教育均衡发展。日本《义务教育费国库负担法》规定，所有乡村公办的基础教育阶段学校教职工基本福利、学生个人补助费和特别津贴 50% 由国库负责，国立学校则由国库全部负担。义务教育阶段的教师工资不低于全国公务员的平均水平，实行统一的工资标准、统一的福利待遇。为提高边远乡村的教育水平，日本 1954 年制定了《边远地区教育促进法》，要求乡村和城区公办小学的教师实行定期调换制度，每 7 年更换一次学校，以促进校际均衡发展。所有中小学的基础设施也相差不大。

三、对私立学院的"择校"

美国公立中小学几乎都是通过政府筹资，而非公立学校很少接受公共资助。家长如果想寻求在公立学校之外能有更多选择的自由，可实行择校。美国通过教育券、课税减免、特许学校三种形式补助私立学校，以对家长的择校行为给予财政支持。

一是教育券。这一制度由美国经济学家米尔顿·弗里德曼于 1962 年提议，由政府为每个学龄儿童提供一张只可以用于购买教育服务的有价凭证，学生凭此可部分或全部冲抵学校要求的学杂费，学校以此凭证从政府换取等额的资金。它既可以使政府均衡资源分配，也赋予个人使用公共教育资金的自由。其好处在于：在每个州决定最低的教育层次时，发行教育券可以使家长购买有资格的学校所提供的教育；对于超过教育券限定的金额，由家长支付。这种安排允许家长在已有的教育方案中选择，无论私人、教会还是公立学校，只要满足该州设立的标准即可。一些州为来自低收入家庭的学生提供教育券项目。威斯康星州允许 15% 的密尔沃基市的学生免费就读于州内私立学校，州为其提供均等化的援助资金或非宗教性质私立学校中每个学生的平均运营成本。这一计划于 1995 年得以推广，尤其关注低收入家庭的学生。教育券在美国前景不佳，奥巴马曾说，他不相信教育券能作为解决教育问题、化解公立学校系统危机的长期方案，并促使哥伦比亚区终止了一个教育券项目。

二是课税减免。1977 年出台的《学费课税减免法案》，建议给在非公立学校就读的学生支付学费的家长提供课税减免，该提议于 1978 年被否决。宾夕法尼亚州和佛罗里达州允许企业为设立私人奖学金的项目请示课税减免；亚利桑那州立法为那些给"学校学费组织"提供资助的机构提供课税减免。

三是特许学校。给择校运动带来最大动力的是特许学校项目的建立。国家教育委员会对特许学校的定义是：半自动化性质的公立学校，由教育家、家长、社会集团或私人机构依据其同一州、地方或其他主体订立的书面合同而设立。特许学校可以不受公立学校规章、条例的束缚。

四、多种形式的助学政策

我国的"奖、贷、助、补、减"多元化的资助体系的形成经历了一个较长的阶段。1993 年 2 月 13 日中共中央、国务院印发的《中国教育改革和发展纲要》提出："设立贷学金，对家庭经济有困难的学生提供帮助，国家、企事业单位、社会团体和学校均可设立奖学金，对品学兼优的学生和报考国家重点保证的、特殊的、条件艰苦的专业的学生给予奖励。"1994 年国家教委发布了《关于普通高等学校设立勤工俭学助学基金的通知》；1995 年 4 月 10 日，国家教委又发布文件，即《关于普通高等学校经济困难学生减免学杂费有关事项的通知》；到了 1999 年，在全国范围内全面启动国家助学贷款制度。这样，在中国各个高校基本确立了"奖、贷、助、补、减"式资助体系。

(一) 奖励措施

"奖"是指政府、学校、社会各界设立的各种形式的奖学金,主要包括人民奖学金、专业奖学金、社会奖学金、国家奖学金、国家助学奖学金等。按照设立奖学金的目的不同可以分为三种。一种是优秀学生奖学金,主要是针对学习成绩优秀或者取得其他突出成绩的学生,不限制专业。第二种是专业奖学金,是发放给学习农林、师范、体育、航海、民族等特殊专业的学生的。第三种是定向奖学金,是发放给志愿到边远、贫穷地区工作的学生的。按照学生的学历,奖学金可以分为两种:一种是本专科学生奖学金,另一种是研究生奖学金。按照出资主体不同可分为国家奖学金,各个学校设立的奖学金,以及企事业单位、个人设立的社会奖学金三种。国家奖学金建立于2002年9月,由国家财政统一拨款、管理。国家奖学金分为两部分,"助学金"面对全国公办全日制普通高校在校本专科学生中的特别贫困家庭学生,每人每月资助150元生活费,资助人数53万人;"奖学金"面对全国公办全日制普通高校在校本专科学生中品学兼优的贫困家庭学生每人每年资助4 000元,资助人数5万人。

(二) 贷款措施

"贷",即"助学贷款"或称"贷学金",是指国家或金融机构向经济困难的学生对其学费和生活费等费用提供的贷款。助学贷款主要有三种贷款形式:国家助学贷款、高校利用国家财政资金对学生办理的无息借款、一般性商业助学贷款。其中,国家助学贷款资助力度和规模最大,是助学贷款的主要内容。国家助学贷款是由政府主导,财政贴息,财政和高校共同给予银行一定风险补偿金,银行、教育行政部门与高校共同操作的专门帮助高校贫困家庭学生的银行贷款。借款学生不需要办理贷款担保或抵押,但需要承诺按期还款,并承担相关法律责任。借款学生通过学校向银行申请贷款,用于弥补在校学习期间学费、住宿费和生活费的不足,毕业后分期偿还。自2005年开办国家助学贷款业务以来,截至2018年,国开行已累计发放贷款1 360亿元,累计支持困难学生2 220万人次、1 039万人。中央部门所属高校获得贷款在校学生数占全部在校学生数比例不断提高。

(三) 帮助措施

"助",即"勤工助学",是指高校组织学生参加校内的助教、助研、助管,实验室、校办产业的生产活动和后勤服务及各项公益劳动,学生从中取得相应报酬的助学活动。目前,各高校都将勤工助学活动作为一项非常重要的常规性工作,设有专门的助困机构和专职人员,学校按国家规定设立"勤工助学基金",专门用于支付校内勤工助学活动中学生的劳动报酬。

(四) 补助措施

"补",是指国家和地方政府每年都拿出一定的资金作为专款,补助经济困难的学生,对于学习师范、农林、体育、航海、民族等专业的学生,国家还给予特殊专业补贴。此外,国家还规定各个高校每年都应从所收取的学费中提取不少于10%的资金用于补助困难学生。2000年,随着西部开发进程的加快,由中宣部、教育部等组织实施的"西部开发助学工程"也开始启动,助学的范围包括西部12个省(区、市)和新疆生产建设兵团,以及河北、山西、黑龙江、江西、安徽、河南、湖北、湖南等省份。资助的对象是当年考入部属或省属重点高校,品学兼优的特困生,每人资助2万元,每人每学年5 000元,受助学生所在学校还给予减免学费。

(五) 减免措施

"减"是指国家对公办全日制普通高校中部分因经济条件所限,交纳学费有困难的学生,特别是其中的孤残学生、少数民族学生及烈士子女、优抚家庭子女等,实行减免学费政策。其中在校月收入(包括各种奖学金和各种补贴)已低于学校所在地区居民的平均最低生活水准线,学习和生活经济条件特别困难的学生免收全部学费;对其他一般困难的学生可适当减收部分学费。在确立"奖、贷、助、补、减"多元化的资助体系同时,国家要求进一步加强对学生资助的组织管理工作。教育部通知要求于2006年秋季开学前,各高校必须成立专门的学生资助管理中心,该中心为常设机构,由校级领导直接负责,统一归口管理全校的国家助学贷款、奖学金、勤工助学、特殊困难补助、学费减免等资助贫困家庭学生工作。学生资助管理中心要配备相应的专职工作人员，原则上按学校全日制普通本专科生、研究生在校生规模1∶2 500的比例，在现有编制内调剂落实，为进一步做好资助贫困家庭学生工作提供组织保证。为保证新考入公办全日制普通高等学校的贫困家庭学生能够顺利入学，教育部、原国家计委、财政部规定，从2000年开始，各高校都必须建立"绿色通道"制度，即对被录取入学经济困难的新生，一律先办理入学手续，然后再根据核实后的情况，分别采取措施予以资助。2005年，全国各普通高校通过"绿色通道"办理入学手续的学生约为39万人，占高校贫困家庭学生数的13%，占当年全国普通高校招生人数的8%。2006年6月，教育部再次发出通知，要求各高校必须对所有新入学的贫困家庭学生开通"绿色通道"，并确保"绿色通道"的畅通。

为落实政府工作报告精神，2007年5月9日国务院常务会议审议并通过了《国务院关于建立健全普通本科高校、高等职业学校和中等职业学校家庭经济困难学生资助政策体系的意见》（以下简称《意见》），并于5月13日发布。《意见》指出，建立健全家庭经济困难学生资助政策体系，实行"加大财政投入，经费合理分担，政策导向明确、多元混合资助、各方责任清晰"的基本原则。《意见》规定，设立国家奖学金，用于奖励普通本科高校和高等职业学校全日制本专科在校生中特别优秀的学生；每年奖励5万名，奖励标准为每生每年8 000元，所需资金由中央负担；设立国家励志奖学金，用于奖励资助普通本科高校和高等职业学校全日制本专科在校生中品学兼优的家庭经济困难学生，资助面平均约占全国高校在校生的3%，资助标准为每生每年5 000元，国家励志奖学金适当向国家最需要的农、林、水、地、矿、油、核等专业的学生倾斜；设立国家助学金，用于资助普通本科高校、高等职业学校全日制本专科在校生中家庭经济困难学生和中等职业学校所有全日制在校农村学生与城市家庭经济困难学生，国家助学金资助面平均约占全国普通本科高校和高等职业学校在校生总数的20%，平均资助标准为每生每年2 000元，进一步完善和落实国家助学贷款政策，大力开展生源地信用助学贷款。

第五章
政府履行教育事权和支出责任的划分

第一节　教育事权划分的特点

一、国外事权划分与财政支出责任的特点

发达国家教育发展的进程中,对于事权划分与支出责任方面有一些好的做法,值得我们学习和借鉴。

(一) 政府事权和支出责任均有法可依

各级政府事权大小及其事权的履行都有宪法或其他法律可依,政府之间共有事权也有法律形式加以明确分工,从而对各级政府有效地行使职责、对政府间财政关系的协调运转产生了良好的效应,比如日本制定了《宪法》《地方自治法》《财政法》《地方财政法》等法律;《德意志联邦共和国基本法》明确规定了联邦政府、州政府和地方综合政府相对独立的政府间事权划分外,还规定了各级政府共同行使的事权范围,另外还有《联邦教育促进法》《住房补贴法》《父母金及父母休假法》等法律详细了规定了教育、住房和经济等方面的事权范围。总之,国外都比较明确地规定了中央政府及地方政府的事权与职责范围。

(二) 各级政府事权明晰,支出范围明确

各国比较重视政府间的事权划分与各级政府间的财政支出,联邦政府(或者中央政府)和各级地方政府均形成了各自主要的职责范围与支出范围,划分得比较清晰。以英国为例,英国的事权范围较为严格,规定地方政府只能管理中央允许的事务,不能在规定的事权范围之外行使权力,加拿大在三级政府间事权范围划分上相对独立,对于一些具体的交叉事权均有明确的规定。各级政府间公共服务事权的交叉较少,各级政府之间的职能矛盾较少,资金使用率比

较高，这样有效地避免了财政职权交叉冗余。

(三) 各级政府财政支出各有侧重

一般来说，联邦制国家和单一制国家在各级政府间的支出责任各有侧重，支出结构并不相同。总的来说，国防、国际关系（包括政治、经济两个方面）方面财政支出由联邦政府（或者中央政府）来承担；社会保障、医疗与健康、公共福利等具有收入再分配性质或需要全国统一标准的公共产品和服务，主要应该由中央政府或层级较高的政府来提供；教育支出是各级财政都必须承担的最主要项目；对当地居民的生产生活具有直接影响的消防、城市规划、公共卫生、住宅等项目支出应该由层级较低的地方政府来承担。

(四) 合理划分政府和地方的事权范围

在界定清楚政府与市场之间的职能范围之后，还需要科学地划分中央与地方政府之间的事权，以确定各级财政的支出范围，以解决事权分配和支出项目不匹配的问题。中央和地方各自负责的事权和支出项目应该尽可能独立并详细、清楚地划分各级财政的支出范围：社会保障、公共卫生医疗、社会福利等公共产品或者公共服务，中央政府应由于其特殊的收入再分配性质主要来负责；地方政府应负责与居民生产生活密切相关的交通、医疗、住房等事务。对于中央和地方共同承担的社会事务，经费应由中央与地方共同承担，主要包括一些跨区域的基础设施建设、农业、教育、公共安全和公共服务等方面，应该合理确定各自承担的支出比例。

(五) 建立政府间协调机制处理共有事权

明确政府间事权划分是大势所趋，也是必然选择，但在实践过程中不可能做到一蹴而就。第一代财政分权理论认为各级政府都是理性的，都具有各自的利益追求。交叉性公共责任的存在，政府间职能交错和重叠，势必带来利益的冲突，为政府间事权合理划分增加了现实难度。面对这一问题，国外的普遍做法是：一方面，采用正式法律手段来解决争议；另一方面，建立政府间协调机制（协会、委员会）来处理共有事权。例如，日本建立权责广泛的争议处理机制——总务省，用来专门协调中央和地方的关系，下设立国家地方纷争处理委员会，负责政府间争议事件（章润兰，2015）。

二、我国政府履行教育事权的主要特点

（1）主要依靠财政拨款，多元筹集经费为次要，各级政府都将教育经费在财政预决算中单独列支。

（2）对于我国的不同层次教育的事权划分而言，不仅存在"中央为主，地方为辅"的划分模式，例如高等教育中的中央属高等院校就是典型，也存在着"地方为主，中央为辅"的划分模式，地方政府承担主要事权，中央政府起到宏观调控作用，例如高中教育、学前教育等，还有一些教育层级并未有明显的事权责任主体，而是列举出了一些管理事项的责任承担者。

（3）我国目前大多数的关于教育事权划分以及发展的法律法规都是针对义务教育而设置的，只有少量针对高等教育和高中教育等非义务教育的法律法规制度，并且规定模糊、简略。义务教育采用项目列举的方式，规定了哪一级政府应当承担哪一项事权。对于义务教育学校的事业建设费用事权而言，具体由地方政府负责筹集，并负责义务教育学校的基本投资和建设，具体而言城镇义务教育事权由县级人民政府负责，农村义务教育建设由乡镇人民政府负责，县级人民政府对于一些困难县镇和农村按照法律规定给予一定的补助和支持。

（4）省级地方人民政府拥有开征用于发展教育事业的教育费附加的权力，以此来筹集教育经费。从细化方面来说，农村地区的教育费附加由相应级别的乡镇人民政府收取，由县级人民政府或者收取人民政府管理，调研规划具体收取标准、办法和管理使用原则都由省一级的地方人民政府决定。

（5）教育事权划分有充分的法律依据。我国实行教育优先的发展战略，关于教育发展已颁布实施了6项法律，在社会事业中是比较多的，主要包括：教育法、义务教育法、职业教育法、高等教育法、民办教育促进法、教师法等，对各级政府的事权有较明确的划分。中央政府主要管理教育的方针、政策、规划和大学设置等。中央下划了近300所大学到地方，保留了一些研究型大学，中央直接管理110所中央直属大学及其附中、附小等，大量高等院校由地方管理。我

国已将学前教育纳入国民教育体系。分税制里对地方政府标准支出的测算，教育是一个重要参数，通过一般转移支付参数计算保证地方政府履行职责。

（6）农村义务教育事权较明晰。农村义务教育在各类教育中是事权划分比较明确的，2006年修订的《义务教育法》对各级政府的支出责任也有较明确的表述，解决了我国义务教育经费来源问题。过去在"人民教育人民办"的思想指导下，农村中小学通过向社会凑钱、拉赞助、农民集资办教育，这些年杜绝了这一情况。我国义务教育经费从由政府、个人共同承担发展到政府财政保障，支出责任逐步上移，明确义务教育经费由中央和地方政府共担、省级政府统筹，逐渐缩小城乡间和地区间义务教育的差距，真正推行义务教育免费的政策。"十一五"期间，中央财政用于农村义务教育的投入由2005年的300亿元增加到2010年的1 429亿元，增长了3.3倍。

（7）我国实行"地方负责、分级管理"的义务教育财政体制，集中体现为"省级统筹、以县为主"。县级政府承担主要的义务教育财政支出责任。省级政府通过转移支付扶持本行政区域内财力薄弱地区发展义务教育，除向农村地区学校和薄弱学校倾斜外，均衡安排义务教育经费。中央政府实行统一的中央和地方分项目、按比例分担的城乡义务教育保障机制，重点支持中西部地区，适当兼顾东部部分困难地区。具体体现为：一是免除学杂费资金由中央和地方按比例分担，中央在西部和中部分别承担80%和60%，东部按照财力状况分省确定；二是免除教科书资金，国家规定课程由中央全额承担，地方课程由地方承担；三是家庭经济困难寄宿生生活费补助资金由中央和地方各分担50%；四是中西部农村地区义务教育学校校舍维修改造所需资金由中央和地方各分担50%，东部地区采取"以奖代补"方式。

在制定经费标准方面，国务院财政部门会同教育行政部门，制定统一的全国义务教育学校生均公用经费基准定额，并根据经济和社会发展状况适时调整。省级政府制定不低于国家标准的学校学生人均公用经费标准，并制定按照学生人数平均的教职工编制标准和校舍建设、图书资料、仪器设备配置等标准。

在保障城乡义务教育教师工资方面，中央继续对中西部地区及东部部分地区义务教育教师工资经费给予支持，省级人民政府加大对本行政区域内财力薄弱地区的转移支付力度。县级人民政府确保县域内义务教育教师工资按时足额发放。

在保证外来人员随迁子女受教育方面，流入地政府承担教育财政事权和支出责任，以居住证为依据，利用学籍信息管理系统，实行"两免一补"资金和生均公用经费基准定额，资金可随学生流动。

（8）高等教育财政体制实行两级管理，部属高等院校和科研机构属于中央政府的财政事权和支出责任，省属高等院校和科研机构属于省级政府的财政事权和支出责任。在制定经费标准方面，国务院教育行政部门会同国务院其他有关部门，根据在校学生年人均教育成本，规定高等学校年经费开支标准和筹措原则。省级政府教育行政部门会同有关部门，制定本行政区域内高等学校年经费开支标准和筹措办法。中央政府通过支持地方高校发展的相关资金给予支持和引导，并鼓励相关地方政府通过多种方式，对中央高校给予资金、政策、资源支持。

（9）学前教育财政事权主要集中在县级政府。省级政府负责制定公办幼儿园生均经费标准和财政性经费生均拨款标准。中央政府设立专项经费，支持中西部农村地区、少数民族地区和边疆地区发展学前教育和学前双语言教育。省级政府在重点支持边远贫困地区和少数民族地区发展学前教育的同时，建立学前教育资助制度，资助家庭经济困难儿童、孤儿和残疾儿童接受普惠性学前教育。

（10）上级政府的教育财政事权和支出责任集中体现为"标准""奖惩""补助"。一是上级政府负责制定和调整教育经费标准，主要包括生均经费标准、生均公用经费标准、教职工工资标准、财政性经费生均拨款标准、学校基础设施建设与改造标准等。下级政府可根据实际情况，制定不低于上级政府标准的教育经费标准。二是上级政府鼓励和要求下级政府贯彻落实上级政府的相关政策，根据下级政府执行的具体情况，通过转移支付进行奖惩。三是上级政府有统筹地区教育发展的职责，即通过转移支付扶持本行政区域内的落后地区和困难群体发展教育。落后地区包括农村地区、边远贫困地区、少数民族聚居区和边疆地区等，困难群体包括经济困难学生、残疾学生和孤儿等。

（11）市场作为政府的有益补充，在提供教育公共产品和服务中扮演着重要角色。民办学校是利用非国家财政性教育经费，将市场机制引入教育行业配置教育财政资源的重要体现。目前，国家对民办学校实行非营利性和营利性分类管理，实施差别化扶持政策。收费是民办学校教育经费的主要来源，用于教育教学活动、改善办学条件和保障教职工待遇。民办学校收费标准根据办学成本、市场需求等因素确定，其中非营利性民办学校收费标准由省级政府制定，营利性民办学校收费标准实行市场调节，由学校自主决定。此外，地方政府通过多种方式支持社会力量举办民办学校，特别是非营利性民办学校。地方政府可以采用政府购买服务、助学贷款、奖助学金等方式，对民办学校予以扶持，对非营利性民办学校还可以实施政府补贴、基金奖励和捐资激励等措施。在税费减免和土地划拨方面，非营利性民办学校享受与公立学校相同的待遇。

三、存在的不足

（1）对于任何阶段的教育，中央政府和省一级的地方人民政府都应当设立教育专项资金，对边远、贫困以及落后地区和少数民族地区的义务教育事业进行补助和支持。具体而言，不同的地区其具体事权划分又有不同，对于东部发达地区而言，省级人民政府要承担更多的责任，而对于相对较为落后的中西部地区而言，地方财力的不足决定了中央政府需要承担更多的事权，更多的支出责任。

（2）几乎所有事权都有中央财政介入。近年，中央财政加大了对教育的投入，公共教育经费占地方财政支出的比例在2007年达到最高值31.19%，到2010年下降到26.08%。在公共教育支出中，中央财政几乎无事不管、无所不包，几乎所有事项中央财政都要拿钱。对于教育事权和支出责任的划分，法律制度明确，但在实施中又弄一套，设了若干专项，几乎所有环节都包含中央财政的专项转移支付，如课本费、学生午餐，修食堂、厕所，学校修沼气池等。中央出台支持教育的政策就要有资金支持，多是因素法分配。不仅政府与市场边界的划分，还有中央与地方、政府与学校的职责的划分，问题都很大。当前政府间教育事权与支出责任存在的最大问题是财力、财政事权与支出责任的不匹配。以义务教育为例，一方面，分税制改革和"营改增"实施后，中央政府拥有绝大部分财政收入，财力相对充足，但中央只承担很小一部分教育事权和支出责任。地方政府的财政自主性受到极大约束，但却需要承担绝大部分教育财政事权和支出责任。即便考虑到转移支付，中央政府承担的基础教育财政支出责任也十分有限，且在2012年后日趋弱化。另一方面，在"以县为主、省级统筹"的基础教育财政体制下，省级政府应承担"统筹"的职责。但现实情况是，无论是从法律文本执行还是从政策文件实施来看，省级统筹的政策含义、制度规范、评价标准、配套政策和监督机制均不完善，省级政府财政投入责任的变化往往是在中央的要求下，为解决不同时期基础教育发展中出现的不同问题而采取的一种"应急手段"。因此，省级政府统筹城乡、区域教育协调发展的功能并未得到有效发挥。

（3）以政府投入为主，市场、社会资金参与教育严重不足。我国义务教育由财政经费全额保障，其他教育阶段是政府为主、鼓励支持民办教育发展。世界上没有一个国家的政府能够包办所有的非义务教育，我国在不断加大政府投入的同时，需要更好地利用社会资金、社会力量，建立多种渠道筹措教育经费的体制，这是扩大教育服务有效供给、提高教育资源使用效率的关键所在。近年来，社会办学力量有所加强，多渠道投资的格局正在形成，但社会捐资和集资办学经费、社会团体和公民个人办学经费及其他教育经费来源比重仍然过低，财政教育投资仍是最重要的主体。2013年我国教育经费中来自财政的费用80%占左右，民办教育发展面临诸多"瓶颈"。

（4）高等教育筹资渠道单一，校际间差距较大。我国高等教育筹资的三个渠道主要是：财政、收费、银行贷款。国外大学校长的一项重要工作是筹集办学资金，日本公立大学捐赠收入占其总收入的15%，私立学校占比达到50%。与之相比，我国大学吸引社会捐赠不足。为了促进高校多方筹措资金，我国出台了捐赠配比政策：高校获得5 000万以下的捐赠，财政按一比一奖励；获得5 000元以上的捐赠，按0.5比1奖励。但绝大多数高校没能用好这一政策，社会捐赠仍集中在国内十几所著名高校。中央所属高校来自政府的拨款明显超过地方高校：中央高校实际生均财政拨款1998年为8 607元，地方高校为6 498元；到2006年，中央高校生均拨款12 483元，地方高校为4 751元，生均差距由1.3倍扩大到2.6倍。地方高校主要靠学杂费收入。从地区看，北京、上海等地的高等教育公共支出远高于其他城市生均水平。

（5）转移支付不合理。第一，现有教育转移支付体系虽然有财力性和专项转移支付之划分，但实质上，几乎所有的转移支付项目均规定了使用用途，这在一定程度上限制了教育转移支付在均衡地区教育资源配置中的作用。第二，大部分专项转移支付主要用于支持校舍改扩建、配置图书和教学仪器设备，以及附属设施建设等以改善办学条件，而较少用于提高教师生活水平和改善教师生活条件，呈现出明显的"重物轻人"倾向。第三，从转移支付在不同教育级别间的划分来看，教育转移支付主要集中于义务教育和高等教育，缺少对学前教育特别是高中教育的转移支付。虽然部分城乡义务教育补助经费用于解决进城务工人员随迁子女接受义务教育问题，但学前教育发展资金尚未覆盖进城务工人员随迁子女。

（6）制度建设不规范。一方面，缺乏对基础教育阶段中学前教育和普通高中教育财政事权和支出责任的规定。特别是普通高中教育，由于法律法规和政府文件的双重缺失，中央政府承担高中教育财政支出责任的比例极低。另一方面，对外来人员随迁子女接受义务教育而言，流入地政府承担教育财政事权和支出责任，以居住证为依据，利用学籍信息管理系统实行"两免一补"资金和生均公用经费基准定额资金随学生流动可携带。该举措虽然满足收益原则，但无法保障流入地政府财力与教育财政事权相匹配。此外，也尚无规定明确留守儿童的教育财政事权和支出责任。

（7）治理结构不健全。中央与地方财政事权与支出责任的划分属于国家和教育治理的重要问题，它与我国的政治管理体制和权力结构密切相关。首先，我国实行中央集中领导的自上而下的政治管理体制。但由于信息不对称，中央政府制定的教育政策往往会超出地方政府的承受能力。其次，现行体制下，在同一级政府内部，教育事业责任由教育部门承担，但教育事业管理、教育经费筹措与管理、教育发展规划与基建投资、教职工薪酬等权力分割到教育、财政、发展改革和人力资源等不同部门，这种权责不对称的政府结构，削弱了教育部门统筹管理和配置资源的权力。最后，以经济增长速度为代表的地方政府考核机制对地方政府提供公共服务具有导向作用，严重影响了地方政府提供公共服务的规模和效率。

（8）"共同"事权和"相似"事权不加区分的问题。根据国家出台的《关于推进中央与地方财政事权和支出责任划分改革的指导意见》，各地也出台了相应的意见，对地方政府间的事权和支出责任进行了明确。综合各地出台的意见，有一个共同的特征就是"共同"事权较多。例如，天津市"将社会治安、义务教育、高中教育、职业教育、公立医院、重大公共卫生专项、公共文化、就业、优抚安置、水利工程、粮食安全、市政基础设施和公用事业等具有地域管理信息优势但对其他区域影响较大的公共产品和服务确定为市与区共同财政事权"；上海市更是"将司法、义务教育、高中教育、成人教育、职业教育、特殊教育、科技研发、公共文化、公共体育、旅游公共服务、城乡居民基本养老和基本医疗保险、机关事业单位社会保险缴费、社会救助与社会服务、养老服务、就业服务、公共卫生、计划生育、住房保障、公共安全、公共交通、市场监督管理、安全生产监管、粮食安全、农业生产、农村村庄改造、林业建设、地方水利、环境保护与治理、需要市统筹布局的重要基础设施建设和公共设施维护管理等体现市委、市政府战略部署、跨区且区级具有地域管理信息优势或市区两级均设有相应公共服务机构的基本公共服务确定为市与区共同财政事权"。

从各地事权划分方案来看，共同事权通常都是一个很长的单子。实际上，从这些单子的内容来看，有的确为"共同"事权，需要上级政府与下级政府在事权的不同环节共同履行职能，需要上下级政府协调配合才能履行的事权，例如"社会治安"和"义务教育"等。但有的则是"相似"事权，并不需要上下级政府协调配合，而是事权的名称相似，但各级政府事权的内容不同。例如，"公共文化"和"公共体育"，虽然各级都要承担相应的事权，但各级承担的内容不一样，这就属于"相似"事权，而不是共同事权。在事权划分中，如果不对"共同"事权和"相似"事权加以区分，而是混为一谈，在实施中就会出现很大的问题。将"相似"事权也归为"共同"事权，将虚化模糊各级政府的事权和支出责任，容易出现责任落实不力、互相推诿的问题，从而降低政府公共服务的质量。

（9）属于上级事权但需要下级承担支出责任的理由不充分和标准不明确问题在事权和支出责任的操作层面，通常有这样一种情况，就是某项事权为上级政府的事权，但通常也要下级政府承担一定的支出责任。有些情况下，下级政府承担支出责任存在一定的合理成分。例如，在天津市某区调研了解到，市政道路属于市级的事权，且由市级承担支出责任。如果是市级标准内建设的道路，区级是不需要承担支出责任的，但如果区级要在市级标准之上提高标准，则区级要承担市级标准之上的支出责任。这种情况是比较合理的。但在有的情况下，上级政府承担的事权需要下级政府承担支出责任则存在理由不充分和标准不明确的问题。

第二节　政府履行教育事权存在的问题

一、财力与支出责任不匹配

在现实中，政府的财权与事权完全匹配是难以实现的，因为政府事权划分的依据是各自承担的公共品供给责任，而不同级次政府间和同级政府间的供给责任不可能完全等同，很难找到一种划分财权的办法恰好使每个政府的财权和事权相等。2011年我国地方本级财政收入5.24万亿元，占全国财政收入总额的50.5%，这是自1999年以来，地方本级财政收入占全国财政收入的比例首次超过50%；但当年地方本级财政支出占全国财政支出总额的比重高达84%，也就是说地方政府履行的事权远远超过了其拥有的财权。财权与事权不匹配在全世界范围内都属于正常现象，只要中央政府的转移支付规模充分、结构合理，财权与事权的不匹配并不会带来太大的问题。

但目前我国却出现财力与支出责任不匹配的现象。尤其是中央地方的财力与支出责任不匹配。从全国的大数据来看，财力上移，中央集中了我国大部分财政收入，1994年分税制改革使得中央财政收入在国民收入中的比重由50%左右上升至2014年的70%，再到2015年的85.1%，尤其是2016年全面实行营改增，将地税的主要税收来源进一步转移至中央，但是事权与支出责任下移。我国教育支出的主要责任在地方，地方政府无论是在义务教育还是在职业教育、高中教育、学前教育中都是教育经费主要支出责任主体，而地方若出现资金紧张，财力不足以支撑其教育的发展，导致财力与支出责任不匹配，减缓了教育发展进程，降低了政府在教育经费支出方面的效能。尽管近年来中央政府在增加教育投入方面做出的努力有目共睹，但是从我国的法律规定中也可以看到，一些教育事权由县、乡两级政府承担，在缺乏其他收入来源的情况下，这会使得中央政府的施政意愿难以落实，影响政府公信力，更会使地方政府入不敷出，出现较大财力缺口，甚至在一些地方出现无力负担基本开支，而利用政府信用向银行大量举债的现象，这加剧了地方政府的财政困难，减缓了教育发展进程。

二、地方政府的教育支出责任更大

党的十八届三中全会对于事权改革提出了要建立事权与支出责任相适宜的体制，也就说事权意味着支出责任，事权越大，支出责任就越大。而在我国目前事权体制中，都是坚持的中央起调控作用，地方负责具体实施的原则，这也就意味着地方政府需要承担大部分的财政支出责任。如果地方政府的财政收入足够充沛的时候，那么它就能够自由履行好所有事权，完成支出责任，促进各项事业和服务的发展，但是当地方政府出现财力不足或者财政困难问题，则会对某些事业采用率先发展，而搁置其他事业发展。但是我国分税制改革后，中央政府负责大部分的税收收入，地方财政收入有限，尤其关于教育的财政收入相当缺乏，同时其又负责教育事权和支出责任的大部分，这种情况的出现就会使得其无力去履行教育事权，从而导致教育事业的发展受阻。无论是在我国相关法律法规中对于教育事权的规定，还是根据关于一些教育事权支出责任数据统计来看，都可以发现我国目前教育事权划分存在的另外一个问题就是地方政府对于教育支出的责任十分重大。

一是教育的相关法规文件中都有规定，对于教育事权的划分同样坚持中央调控，地方负责的原则，中央只负责全国性的、区域性的教育事权，地方政府则要负责本行政区域内的所有教育事权以及部门区域性的教育事权，可见地方政府的教育事业事权多么重大，事权的重大也就意味着其支出责任的重大；根据关于我国教育支出责任相关数据统计可以看出，在 2014 年教育支出经费占比中，就全国而言，地方政府的教育经费支出占全国教育经费支出的比例高达 80% 左右。这样一种地方政府对于教育支出责任更大的问题，当地方政府财力充足时，其能够保证其支出责任的完成，一般转移支出范围，因此一般转移支出的不合理造成了对于教育事权转移支出支持力度不够的局面出现，无法保证一些地区政府教育事权的正常运行。二是转移支出的透明度不高。因为我国目前没有专门的法律法规对转移支出的一些细节、流程和标准进行规定，因此实际转移支出都是看情况而定，中央政府根据实际情况进行转移支出。而在对于教事业的实际转移支付中，由于没有标准和制度，就造成了许多地方政府，尤其是市级和县级地方政府可能对中央教育转移支出政策不了解，导致无法及时争取到教育专项转移支付。三是转移支付不够规范。在一些发达国家和地区，对于教育转移支出一般都有规章制度，这些国家和地区都是按照规章制度进行教育转移支出，使得转移支付结构更加合理，全国各级政府和社会都知道转移支付的流程和政策，便于地方各级政府根据自己的实际情况和财政预算情况争取中央政府的转移支付的支持。但是我国却没有形成一个规范的转移支付制度，不利于各级地方政府根据自己对于教育事权的安排和财政预算情况却积极争取教育转移支付，造成一些教育事权无法正常履行。

（一）没有走出政府包办教育的理念

随着对公共服务的强调，政府加大了对公共教育的投入，公众的期望值也在增长，重公办、轻民办，重财政投入、轻多渠道筹资等观念浓厚。

（二）公共教育支出仍以地方为主提供

教育这类公共服务正外部性较大，从发达国家的实践来看，不论采取何种模式，中央政府或省级政府在教育公共服务提供中均扮演了主要角色，但在我国基层政府却是教育的支出主体，公共教育提供的政府层次较低，不能保障其供给的充分、均等。

（三）中央政府教育事权庞杂

尽管相关法律对教育事权与支出责任有明确划分，但在实际执行中越来越模糊。中央财政对教育的专项转移支付项目庞杂，涉及教师工资、津补贴、教师培训、学校运转、校舍维修、食堂建设、学生吃饭饮水等方方面面，几乎所有项目都有中央的钱，事权混杂，职责不清。

（四）义务教育均等化目标的实现任重道远

城乡、区域、学校之间差距巨大，2011年北京普通实践生均教育经费支出是贵州的 8 倍，有些地方同城学校之间的差距达 10 倍。按照 2008 年《农村普通中小学校建设标准》，多数省份农村中小学校舍不达标；与此同时，一些大城市优质中小学校建设标准缺乏上限约束，资源过度集中，带来择校等问题。随着我国城镇化的发展，农村学生人数减少，进城务工人员随迁子女就学问题突出。最重要的教育资源——教师配置尤其不均衡，艰苦边远地区教师"下不去、留不住"。

（五）多元化办学程度不高

在本应由政府、市场、社会、个人等多元筹资的其他教育阶段，市场、社会参与度不高。我国学前教育资源匮乏、质量不高，入园难问题突出；职业教育中企业和社会参与不足，多元化办学程度不高；高等教育过分依赖政府投入，多渠道筹资理念不强、机制不够健全。

（六）职业院校的办学自主权没有得到落实

职业教育是一种面向市场、面向社会的教育，需要职业院校根据经济社会发展动向调整专业，引进选聘教师，不断改善办学条件，自主办学。但是现有管理体制下，职业院校在人、财、物方面的管理决策权限很小，没有自主权，如果因为专业发展需要公开或者选调专业教师，按照现有的管理体制必须通过地方政府人事部门主持招聘工作；如果想要从行业企业动态引进能工巧匠担任专兼职教师，在人员编制、教师资格、人员经费、职称评定等方面存在不同程度的制度性障碍；如果职业院校因为发展要加大专业设施设备投入、改善办学条件，院校长需要报请所属地方政府及有关部门同意，并获得经费、政策方面的支持才能动工。"想进的人进不来，想办的事情办不了"是困扰职业院校持续健康发展的根本问题。

（七）现代职业教育建设凸显了事权和支出责任缺位

新世纪以来，国家面对经济社会形势的发展变化，适时提出加快现代职业教育发展的战略目标，推动了职业教育的快速发展，但是也要看到现行的职业教育事权和支出责任划分还不能完全适应现代职业教育的需要。一是随着产业转型和技术革新速度的加快，职业形成与消失的周期在逐渐缩短，职业的不确定性正在大幅增加，现代职业教育体系的构建必须加大职业需求的预测并进行适时的调整，而目前我国在这方面还明显是缺位的。二是随着经济的发展，劳动人口的区域流动速度加快，特别是随着城镇化进程的加快和户籍政策的放宽，人口流动速度越来越快。而人口流入地和流出地对职业教育事权和支出责任往往相互推诿，造成缺位。三是现代职业教育提出的不同层级的职业教育之间及职业教育与其他教育形式之间的互联互通问题，职业教育发展与国家产业由东向西梯度转移相衔接、与国家重大战略布局相衔接问题等都涉及多地域、多部门的协调，还存在缺位现象。

三、中央与地方政府事权和支出责任划分不明了，降低了公共资源的配置效率

(一) 事权与支出责任界定不清晰

当前我国已经以法律的形式对财政收入分配进行了清晰的界定，对义务教育事权与支出责任进行了原则性的规定，但是没有明确具体层级政府应承担怎样的支出责任，究竟由谁来承担义务教育支出责任的筹资责任。因此，义务教育的事权与支出责任缺乏具体细化的法律条文。

与此同时，各级政府之间在义务教育具体事项划分中的职责交叉重叠并且划分标准较多，缺乏的明确的法律条文，上级政府以不了解基层政府义务教育需求为由，将义务教育支出责任下放给基层政府，让地方承担了一些中央的义务教育支出责任。导致地方政府由于承担了一些本不应由地方承担的义务教育支出责任，加剧了地方政府财政紧张局面，以至于本身的义务教育事权与支出责任无法履行。虽然中央政府以义务教育专项转移支付的形式对地方财政进行了补助，但仍然无法解决基层财政困难问题，以及义务教育提供无法满足当地人民需求的情况，加剧了中央与地方职责错位。

（二）应该中央负责的事务，交给了地方处理

由于政府间职能划分缺乏制度化的规则，一些本应由上级政府承担的支出责任，却转嫁给下级政府，加重了地方财政负担。如国际界河的保护、跨流域大江大河的治理、跨地区污染防治、跨地区经济纠纷司法管辖、海域和海洋的使用管理等方面，事关国家利益，涉及多个省份，应该由中央管理，却交给了地方。海域使用管理、海洋环境保护、地质、资源监测调查评价、海洋巡航监视、执法监察、海洋防灾减灾、海洋卫星、海洋矿产资源勘探研究等国土海洋资源管理支出，气象、地震等部门的公用经费和个人补助等中央部门支出，应该由中央负责，却交给了地方。养老保险、医疗保险涉及劳动力的跨域流动，应由中央为主管理，目前是极度碎片化的管理制度。

（三）属于地方管理的事项，中央承担了较多的支出责任

对于地方管理的任何事项，中央都可以无条件介入，并给予财政补助。例如，城市居民最低生活保障、农村居民最低生活保障等社会保障和就业支出，农村合作医疗、农村卫生等医疗卫生支出，城镇排污设施建设、农村环境保护等环境保护，技术装备、基础设施建设与维修、信息化建设等公共安全支出，中小学教职工工资、中小学公用经费、中小学校舍修建等教育支出，就业补助、抚恤粮食直补、良种补贴、节水灌溉、耕地地力保护、人畜饮水、小型农田水利建设、农机补贴、农村沼气建设、农业综合开发等农业支出，公路建设等交通运输支出，经济结构调整、节能降耗、市场建设和服务业发展引导、中小企业公共服务体系建设等经济发展与调节支出，土地整理等国土海洋资源支出，中央相关部门有相当的资金补助，需要各地通过不同形式的争取。地方政府往往采取"跑部进京跑步进厅"等办法，而且从中央财政得到最多的是一次性资助项目。这不但需要投入一定的争取成本，而且容易形成地区间资金分配的不公平，不一定符合地方实际，也为中央有关部门寻租创造了条件。

（四）中央和地方政府职责交叉严重，财政支出责任的共担事项过多

在许多方面如基础设施建设、农业、社会保障、义务教育、公共卫生等相

当多事项,都实行中央政府和地方政府共同承担的办法,支出责任共担造成同一事务各级政府"齐抓共管",我中有你,你中有我。实践中难以准确明辨各级政府应该负责提供的特定服务,容易造成职责不清、互相挤占或者双方都不管、无从问责。我国将社会保障一些项目和社会福利责任划分给市级政府或县级政府也不合适,如社会保障计划具有风险共担和资金再配置的特征,一些地方政府没有能力承担庞大的资金需求。

(五) 政府间支出责任与事权不对等

支出责任的划分应与各级政府的职能、承担的事权相对应,由于支出责任重心下移,出现了不对称的结果,表现为中央支出责任偏轻,地方政府支出责任过重。中央财政支出占全国财政支出的比重只有15%,而地方财政支出比例高达85%,说明中央和地方承担的支出责任悬殊太大,结果是地方政府收入能力与支出负担失衡不断加剧。在提供公共服务中市、县、乡三级政府是主要责任者。向国有企业下岗工人提供收入支持和再培训、失业保险以及城市最低生活保障,以及承担向地区性养老金计划提供财政支持责任由市级政府负责,是提供社会安全网的主体。县(县级市)、乡两级政府担负着地方政府50%以上的支出责任,不仅包括70%的教育预算支出,还包括55%~60%的医疗卫生支出。将这些庞大而重要的财政责任划分给县乡政府,不仅不符合国际政府间支出责任划分的惯例,而且与其权利和财力极不匹配。中央政府在收入分配中占55%左右而财政支出占15%,大大低于发达国家、发展中国家和转轨中国家中央政府的平均水平;相反,基层地市和县乡政府支出占全国财政支出的比例高达50%~55%,远远高于发达国家、发展中国家和转轨中国家同级次政府负担的平均水平。由此造成县乡财政普遍困难,财力捉襟见肘,隐性债务越来越重。在政府间事权和支出责任的划分方面已积累了不少矛盾。从中央支出占比明显偏小,中央政府没有负担起应负的管理责任是问题的关键,中央应该管理的事务,放到地方去做,地方往往没有积极性。一些应由地方管理的事项,中央却介入过多,影响地方自主权,反而会让地方从这些领域退出。我们经常看到,越是中央关心的支出事项,地方越不管,这不利于事业的发展。在我国自然条件相差悬殊、经济发展高度不平衡,人口流动受限,约束地方政府机制不足的情况下,地方政府忽视外部性、中央与地方激励不相容等问题的存在,将会对我国长期性和全局性发展造成不可忽视的危害。

（六）各级政府在新增支出责任划分上缺乏规范的协调机制

我国是单一制国家，各级政府之间事权划分以上级决定为主，上下级政府之间实质上是一种委托代理关系。在事权划分不明了的情况下，如果出现事权扩展或新增事权时，新增的支出责任在不同层级政府间的分配就会成为矛盾的焦点。在我国，中央政府职权要比地方政府大得多，上级政府在政治上对下级政府享有绝对的权威，一项政策或措施的出台，往往是由中央有关部门下发文件，基层政府只是被动接受，进行财力配套上的跟进。由此形成了各级政府"下管一级"的局面，特别是农业、科技、教育、文化、卫生等支出项目，相关法律法规作了数量指标上的硬性规定，使得地方财政平衡的压力非常大，当经济形势不景气时，这些法定的增长幅度可能会超出地方财力的承受范围，影响地方财政发展的可持续性。这种上级政府出政策、下级政府"买单"的形式，客观上导致了事权的逐级下移。这样，下级政府只能向上级政府争取财力支持，或通过事后债务化解的方式进行财力分配上的"倒逼"。同时，由于法律体系内对于事权分配与支出责任的划分缺乏评价、听证、协调和仲裁机制，不同层级政府（主要是地方政府）"有苦无处诉"，使矛盾始终处于非明朗化状态，不利于问题的及时解决。

四、转移支付制度不健全

分税制改革以来，随着中央对地方各级政府的转移支付制度的不断完善，已初步形成的转移支付体系在一定范围内减轻了地方财政困难，但与义务教育公共服务全国均等化目标还有较大差距。

首先，转移支付结构不合理。针对义务教育的专项转移支付是中央针对基层义务教育提供水平不达标而拨付的财政补助，但是从全国多种形式的转移支付来看，一般性转移支付较多，资金充足，而义务教育专项转移支付的资金较少，虽然在一定程度上缓解了基层财政困难，但不利于基层义务教育的提供。其次，转移支付资金分配方法缺乏规范性法律文件，在中央对地方的一般性转移支付中，没有写明具体的资金分配方法，基层政府往往会将大部分资金用于当地基础设施的建设中而忽略对义务教育的提供，不能很好地履行义务教育支出责任。再者，转移支付的资金标准与实际义务教育需求不一致。经济欠发达地区本身财力就比较薄弱，接受与其他地区相同的转移支付资金后，仍然无法提供满足人民需求的义务教育公共服务，基层支出责任无法与财力相适应，导致基层政府仍无法通过中央的转移支付补助弥补基层履行义务教育支出责任的财政缺口。

第三节　中央政府转移支付对教育事权的影响

党的十九大要求"加快建立现代财政制度，建立权责清晰、财力协调、区域均衡的中央和地方财政关系。"专项转移支付是政府间财政关系的重要内容。认真分析研究专项转移支付存在问题的主要原因，并积极建言献策，对于我国加快建立现代财政制度具有现实意义。

财政转移支付制度作为财政制度的重要补充，履行着调节各级政府之间的财政分配，发挥着财力分配"调节器"的作用。1994年实行分税制财政管理体制以来，中央财政集中的财力主要用于增加对地方特别是中西部地区的转移支付，逐步建立了符合市场经济要求的财政转移支付制度。中央对地方转移支付规模不断增加、结构不断优化，增强了中西部经济欠发达地区基层财政保障能力，促进了地区间基本公共服务均等化，有效推动了中央相关政策措施的贯彻落实，有力支持了教育、医疗卫生、社会保障和就业等社会民生事业的发展。以促进地区间基本公共服务均等化为例，在中央转移支付之前，2014年东部、中部、西部地区一般公共预算收入占比为54∶25∶21；通过转移支付实施再分配后，东部、中部、西部地区一般公共预算支出占比为39∶31∶30。再以推动中央相关政策措施贯彻落实为例，为推动建立城乡居民社会养老保险制度，中央财政对中西部地区按中央确定的基础养老金标准给予全额补助，对东部地区给予50%的补助，极大激发了城乡居民参加社会养老保险的热情，城乡居民社会养老保险参保总人数连年高速增长,至 2013 年末参保总人数达 49 750 万人。[①] 此外,教育领域的学生营养餐计划、义务教育免学费、农村义务教育薄弱学校改造等也都是在中央对地方转移支付资金的支持下强力推进的。但转移支付这项制度存在的本身就是因为当前财税分配原则中存在的一些不平衡,需要有一项制度对这种不平衡进行调节,进一步实现财力分配的均衡,但归根到底,其目的是要促进各地区的基本公共服务的均等化,保证各级政府有足够的资金保障和提供最基本的公共服务。

一、转移支付存在的问题

近年来,中央对地方转移支付管理取得了不小的成效。但与建立现代财政制度的要求相比,现行中央对地方转移支付制度存在的问题和不足也日益凸显,突出表现在:受中央和地方事权和支出责任划分不清晰的影响,转移支付结构不够合理;一般性转移支付项目种类多、目标多元,均等化功能弱化;专项转移支付涉及领域过宽,分配使用不够科学;一些项目行政审批色彩较重,与简政放权改革的要求不符;地方配套压力较大,财政统筹能力较弱;转移支付管理漏洞较多、信息不够公开透明等。转移支付存在的上述问题,不仅不利于财政资金使用效益的提高,影响财政的可持续发展,而且不利于市场机制的正常运行,影响政府职能的履行,有必要加快研究解决。

二、转移支付在教育事业中存在的不足

中央政府对于教育事业的转移支付不合理是中国教育事权划分现状存在的又一个较为明显和严重的问题,并且这种转移支出有下面五点不合理之处:

---

① 中央政府网:《国务院关于改革和完善中央对地方转移支付制度的意见》政策解读,http://www.gov.cn/xinwen/2015-02/02/content_2813376.htm。

（一）转移支出的结构不合理

中央政府运用转移支付的初衷就是保证地方政府的正常运行，保证地方各项事务和服务的正常开展，尤其是对于财政困难地区的转移支出是保证地方政府教育事权正常履行的重要条件。但是，在中央政府的实际转移支出中，并没有法律对其作出明确规定，造成了转移支出结构不合理的现象出现，并且我国一般转移支出较少，大部分是专项转移支付，而教育事权大部分属于一般转移支出范围，从而造成一些教育问题出现多头管理或者无人管理的现象，制约教育事业的发展。

（二）关于中央政府的教育事权划分不清晰

虽然相关法律规定了对于中央负责的教育事务事权或者全国性的教育事务由中央管理，但是对于到底关于教育事业的哪些问题由中央政府统一规划管理、教育事业费中中央政府应当具体负担多少，都没有一个明确的规定。

（三）对于不同地区地方各级政府教育事权没有一个统一明确的划分规则

在一些地区对于教育事权由省政府承担了大部分，如中西部地区，而在东部地区的教育事权则由县级政府承担了绝大多数的部分。我国没有形成一个规范的转移支付制度，就不利于各级地方政府根据自己对于教育事权的安排和财政预算情况去积极争取教育转移支付，造成一些教育事权无法正常履行。因此，对于如何进一步清晰地划分好我国教育事权成为了我国教育事业发展和事权改革中不得不继续解决的一个重要问题。

（四）教育专项转移支付资金使用不合规

按照政策规定，专项转移支付资金需按规定用途使用，而部分市、县将中央和省级安排的用于农村薄弱学校校舍改造的专项转移支付资金用于该市、县教育局办公楼改造；有的将农村义务教育学校建设的资金用于城市高中学校的校舍和运动场建设；还有的将农村寄宿制学校食堂改造资金用于幼儿园建设和城市幼儿园搬迁。教育专项转移支付资金安排不及时。按照相关规定，对上级政府有关部门分配时已明确专项转移支付具体补助对象及补助金额的，基层政府财政部门应当在 7 个工作日内下达本级有关部门，而有的市、县财政不及时安排中央和省级安排的用于贫困家庭寄宿生补助资金，2016 年提前下达及 2017 年下达的资金至 2017 年末仍未发放到贫困学生手中；还有的市、县将中央和省级对农村贫困家庭幼儿教育补助留存于该市、县教育局专账未作安排。

（五）转移关系不顺

转移关系主要体现于层级政府间的转移支付利益能否实现相对最大化，转移补助资源提供者与接受者间供求信息是否能够实现同步对称，以及转支需求信息能否得到积极有效的反馈。层级政府间转移关系不顺，转移层级过多是义务教育投入所面临的主要困境之一。

1. 转移支付"惰性"与"理性"取向共存

"一级政府，一级办学"的办学机制下，明确了不同规模、不同阶段学校间的财政投入责任与义务，体现了"谁的孩子谁养"的财政供给指导思想。然而，一方面，由于各级政府的转移支付"惰性"与"理性"趋利取向的制衡，于财政富裕的上级政府而言，不到必须出手的境地，不会轻易对横向和纵向的需求主体转移多余的财政资源；对财政吃紧的下级政府，深知"少作为"可能会比"多作为"更容易获取更多的教育转移支付资源，因而"等靠要"的思想严重。同时，介于相对强势的上级政府，依靠其强有力的行政控制力，把创立成本的绝大部分分摊给县级政府，使得层级政府间的"委托—代理"关系停留于潜在层面，实质的原定财政激励目标难以实现。另一方面，作为接受转移支付财政支持的地方政府，趋利与获得经济利益是其财政支出决策的主要潜在动力，将转移支付专项资金投向其他收益更快、更高的优势项目同义务教育的投资——收益滞后性特征相对比后，更倾向于投资非义务教育事业。

2. 层层拨付，转支效益低下

与现有的中央、省、市、县四级行政体制相适应，纵向转移支付形式主要分为中央至地方的转移支付和地方政府内的转移支付。从中央至省级地方政府的转支体制较为规范，然而地方各级政府内的转移支付机制尚不明晰，依照财政供求信息的有效传播路径，主要表现为：因地方监督管理机制不完善，造成义务教育基础数据采集存在不规范、不精确等问题，存在一定的"讨价还价"

倾向，最终使逐层上报的转移支付需求信息失真，不能更好地监控转移支付使用信息，使得转移支付反馈信息回路通道受阻，各级政府间转移支付项目不能及时有效的落实，造成只管支出不顾效益与效率的无序局面。同时，由于一般性义务教育财政转移支付没有从对县、乡的基本需求中独立出来，上级政府不能切实掌握其转移需求的规模、数量等详细指标，只能按需拨付，而对于其转移支付支出的具体用途和适用范围等信息缺乏有效监管，从而极易出现挪用教育基金的现象。

三、改革措施

按照党的十八大和十八届三中全会精神，中央财政坚持以问题为导向，注重顶层设计，分步推进转移支付制度改革，主要采取了以下措施：

（一）完善一般性转移支付增长机制

近年来，中央财政在收入增长乏力的情况下，继续加大对地方一般性转移支付力度，一般性转移支付占比由 2012 年的 53.3% 提高到 2014 年的 58.2%。不断完善均衡性转移支付资金管理办法，研究建立财政转移支付同农业转移人口市民化挂钩机制，促进基本公共服务的均等化。

（二）从严控制专项转移支付项目

一方面，严格控制新设专项。原则上不再新设专项转移支付，确因经济社会发展需要新设立的专项，要求有明确的政策依据和政策目标，并报经国务院批准。另一方面，清理整合已有的专项转移支付项目。2013 年下半年以来，中央财政积极清理、整合、规范专项转移支付，压减了一批专项转移支付项目，下放了一批专项转移支付项目的审批权。在安排 2014 年预算时，将专项转移支付项目由 2013 年的 220 个压减到 150 个左右，完成了政府工作报告提出的 2014 年减少 1/3 专项转移支付项目的目标。

（三）强化转移支付预算管理

加强中央与地方预算管理的衔接，提前下达转移支付预算，并督促地方及时列入年度预算。明确转移支付下达的期限，加快转移支付下达进度。推进信息公开，主动向社会公开一般性转移支付和专项转移支付的具体项目和管理办法。做好绩效评价，科学设置绩效评价机制，合理确定绩效目标，有效开展绩效评价，提高绩效评价结果的可信度，探索将绩效评价结果同预算安排有机结合。

（四）推进转移支付依法管理

在新修订的预算法中补充了转移支付管理的诸多内容，如规定"国家实行财政转移支付制度。财政转移支付应当规范、公平、公开，以推进地区间基本公共服务均等化为主要目标""市场竞争机制能够有效调节的事项不得设立专项转移支付""上级政府在安排专项转移支付时，不得要求下级政府承担配套资金。但是，按照国务院的规定应当由上下级政府共同承担的事项除外"等。在《国务院关于深化预算管理制度改革的决定》中，也对优化转移支付结构作了规定。

第六章
教育事权划分与支出责任的国际经验借鉴

教育属于典型的中央和地方共同事权。从"事"的方面看，教育具有外溢性，属于中央政府和地方政府共同负责提供的跨区域公共产品；从"权"的方面看，教育供给的决策权、执行权和监督权不完全集中在同一级政府，不属于某级政府的独立事权，而是上下级政府间的共同事权。长期以来，我国对于共同事权的划分一直采用"上级主导"的划分模式。各国政府在教育事权问题上有一些成熟的经验和做法值得我国在教育事权改革中予以借鉴。

第一节　各国的教育事权划分经验

一、美国教育事权划分

美国作为成熟的市场经济国家，为保障教育均衡发展，在财政事权和支出责任上进行了有益的探索，积累了很多经验，为构建我国教育财政事权和支出责任框架提供了很好的借鉴。

（一）义务教育财政事权划分

后文重点介绍一下美国的义务教育财政事权承担主体、支出责任划分比例和支出方式三个方面。

1. 财政事权承担主体

美国义务教育财政事权和支出责任主要在联邦政府、州政府和地方政府（主要是地方政府）之间划分。第一，联邦政府在义务教育上的财政事权主要体现在通过经费补助帮助弱势群体，促进不同群体间的教育公平，通过政府法律引导州和地方政府提高教育质量。联邦政府在义务教育方面的事权，通常以一个个法案为载体，这些法案通常只是针对某一个问题而制定，对州政府和地方政府也不具有强制实施的法律效力，只有在州和地方政府接受联邦政府经费的时候才具有强制性。但是，随着义务教育资金需求的增大，联邦政府的援助逐渐成为地方政府义务教育投入不可或缺的来源，由此造成联邦政府的义务教育财政事权缓慢增加。

第二，州政府的义务教育财政事权主要通过全面系统的教育法，促进辖区内义务教育资源配置公平，并通过增加州政府投入促进质量公平，财政事权呈现先扩大后稳定的格局。与联邦教育法的非强制、非全面相比，州教育法是对州内教育问题的全面系统规定，并通过州对学区的补助促进辖区内资源配置公平和结果公平。在《初等和中等教育法》实施后的十几年中，各州对生教育支出不均等和纳税人税负不公平的诉讼愈发突出。尽管诉讼结果不一，但各州为了回应学者和公众对义务教育公平的诉求，均增加了州对学区教育经费拨款的额度，降低了义务教育对学区财产税的依赖程度。

回应联邦政府对义务教育质量的政策引领，增加州政府在义务教育上的支出责任，为提高质量提供充足的财力保障，成为许多州政府的做法。对州政府而言，资源配置公平财政事权与质量公平财政事权相比，前者的责任更大，由此决定了州政府的义务教育财政事权责任大于联邦政府。

第三，由于义务教育带有地方公共产品属性，因此地方政府承担财政事权，这一事权随着联邦和州政府教育公平事权的扩大，责任在相对减少。义务教育的受益范围仅局限在某一区域，从财政分权的效率角度出发，义务教育的财政事权属于地方政府，按照公共产品受益范围确定供给成本辖区范围，可以使成本分担的地理边界与受益范围一致，有利于提高公共产品的效率。正是基于这一理念，美国义务教育的财政事权最初集中在地方政府。伴随联邦政府和州政府承担教育机会公平、资源配置公平和结果公平的财政事权增加，地方政府承担的财政事权相对来说在快速下降。目前，地方政府承担公立义务教育的投入比例基本维持在45%左右[①]。

2. 财政事权支出责任的划分

衡量各级政府承担的义务教育支出责任，通常用义务教育支出的资金来源在三级政府间的结构，即用各级政府义务教育支出额占整个义务教育支出额的比例来反映，它与财政事权的相对责任和经济发展态势密切相关。

第一，联邦政府支出责任伴随教育公平事权增加而快速增加，并具有明显

---

① 资料来源：https：//nces.ed.gov/programs/digest/d18/tables/dt18_235.10.asp。

的逆经济周期特征。为减缓经济周期对地方义务教育投入带来的波动，保障义务教育投入的稳定性，联邦政府支出具有明显的逆经济周期特征。在美国面临着20世纪70年代的石油危机、2002年的经济衰退和2009年的全球金融危机时，联邦政府支出不但没有降低，反而逆势而上出现了支出的峰值。

第二，州政府在缩小区域内义务教育投入差距方面的事权增加带来州政府义务教育投入责任增加，州政府投入具有一定的顺周期特征，在事权扩大期得到增加，事权稳定期基本稳定。

第三，伴随联邦政府和州政府事权的增加，地方政府义务教育支出和投入责任呈现震荡下降，地方政府投入具有明显的顺经济周期特征。地方政府投入相对下降的原因，在于联邦政府和州政府在教育公平方面的事权增加，强化了联邦政府和州政府在教育机会公平、资源配置公平和质量公平上的责任。下降呈现震荡特征的原因在于经济周期的存在。在经济繁荣的时候，联邦政府、州政府对地方政府的相对补贴额（相对整个义务教育公共投入）下降，地方政府承担的支出责任上升；而在经济萧条的时候，联邦政府和州政府的相对补贴额上升，减缓了地方政府自有收入下降对义务教育支出造成的负面影响，保障了义务教育的健康发展。

3. 财政事权支出方式

各级政府承担义务教育支出责任的方式，依据备选方案的效率最大化原则也在不断调整和优化。

第一，联邦政府承担义务教育支出责任的主要形式并非直接支出，而是专项转移支付。联邦政府义务教育的支出目标是促进不同群体间的教育公平，激励州和地方政府提高教育质量。这些支出属于针对特定群体受益的支出，为此联邦政府主要采取专项转移支付方式。为更好地增加受益人福利，减少中间环节带来的效率损失，针对弱势群体的补助资金主要采取对个人直接支付的方式进行；用于激励州和地方政府提高教育质量的引导资金，主要通过引入竞争机制和结果评价机制来提高资金使用效率。如《不让一个孩子掉队法案》[①] 规定，

---

① 美国21世纪初出台的《不让一个孩子掉队法案》启动了联邦主导的基于考试的问责体系的构建，该问责体系曾在改善学生学业成绩上发挥了一定的积极作用，但是也给美国基础教育带来了过度考试的问题。经过多次努力，美国国会终于在2015年12月出台了《每个学生都成功法案》，开启了州主导的多元指标问责体系，这将成为未来教育问责的改革方向。在新的问责体系中，州和学区掌握更多的教育政策控制权，学校教育的成功标准将不再局限于标准化考试成绩。

各州要对 3~8 年级学生的阅读能力、数学能力实施年度测试,设立学生学业成绩提高和各群体间学业差距缩小的年度目标,如果连续两年未能在州测试中达标,学校将被贴上"需要改进"的标签;如果连续五年不达标,学校就得重组、关闭或由州接管[1]。

第二,州政府承担义务教育支出的主要形式为基于公式拨款的一般转移支付形式[2]。州政府义务教育的支出目标主要是促进辖区内地区教育公平,以及响应联邦政府号召提高教育质量。用于促进辖区内资源配置公平的资金,主要采取公开的公式拨款方式。这样做的原因有二:一是有利于提高财政资金的透明度,接受社会各界对财政资金的监督;二是通过社会监督不断优化资金的分配方式。为更好地实现州内资源配置公平,拨款公式不断得到优化。20 世纪 70 年代之前,很多州采用水平补助法计算州对地方政府的支出责任,这是一种既未考虑学区财政能力,又不考虑教育方式、成本、教学水平等客观因素,单纯按照学区内在校注册学生数发放补助的方式。在两个经济水平差距很大的学区之间,当注册学生数大体相同时,所获得州政府的补助是相同的,这显然有悖州内资源配置公平。进入 20 世纪 80 年代,各州纷纷对州拨款公式进行改革,基数补助法、保证税基补助方法,基数补助与保证税基相结合法渐渐成为主要拨款模式,以凸显州政府在资源配置公平方面的作用。伴随 90 年代对教育质量的关注,州政府的拨款公式中增加了教育质量与教育效果的因素,将财政拨款作为一定产出水平,实现高质量均衡发展。

第三,地方政府是义务教育资金的直接支出者,扮演义务教育资金的主要决策者和执行者。地方政府一直是实施州教育政策和管理公立中小学的基层教育行政机构,扮演着教育政策的决策者、执行者的身份,约 90% 的义务教育资金经地方政府直接支出。尽管联邦和州政府承担了 50% 以上的支出责任,但它们将资金只是拨给地方政府,这反映了地方公共产品地方管理,更能反映居民需求差异,有利于提高资金效率的理念。但是伴随联邦政府和州政府对结果公平的关注,地方政府的资金支配权出现了一定的下降。

---

[1] 杨秀治:《从〈不让一个孩子掉队法案〉到〈每个学生都成功法案〉:美国中小学教育问责体系的演变》,载《外国教育研究》2007 年第 5 期。
[2] 这种转移支付在美国称为专项转移支付,因为它指明了资金用途。但根据我国的转移支付分类标准,属于一般性转移支付。

(二) 高等教育财政事权划分

在有限的财政资源情况下如何提高资源的利用率。成为各国教育、财政部门重点关注和要解决的问题。绩效拨款是指政府部门根据高校在办学、科研等方面取得的绩效指标的表现，包括质量、效率和成本等，分配指定的财政经费。其主要思路就是将市场规则引入高等教育市场，使得资源配置更有效率和公平。同时也促进了高等教育的公平竞争，有助于提高高等院校的办学质量和水平。

美国采用了绩效拨款模式，例如田纳西州和南卡罗来纳州地区的绩效拨款则是较为突出的案例。田纳西州是目前仍在实行绩效拨款的州中最早制定和实施绩效拨款的州，是绩效拨款较为成功的典范。1979年，田纳西州高等教育委员会与高校协商制定了绩效拨款政策，并建立了10项绩效指标。对于绩效表现出色的公立高校，政府将给予超出该校财政拨款总额一定比例的"奖金"。1980~1981学年，田纳西州的公立高校可以凭借绩效指标的优异表现获得高校总财政拨款2%的最高奖金。目前其额度已经提高到高校总财政拨款的5.45%。田纳西州绩效拨款占高等教育拨款总额的比例在所有将一部分财政经费按绩效表现分配的州中是最高的。从1982~1983学年开始，田纳西州的绩效拨款每5年进行一次，在5年内根据年度的绩效表现进行微调。经过几次重大调整，10大绩效指标被赋予不同的权重，产出指标占大多数，所占比重也最大；其次是过程和投入指标，田纳西州绩效拨款方式体现出纯奖励性和非竞争性这两大特征，绩效表现出色的高校将获得经常性财政拨款一定比例的奖金，绩效表现不佳的高校却不会受到拨款削减的惩罚，而且高校是否获得奖金和其他高校没有关系。

与田纳西州不同的是，南卡罗来纳州是美国唯一将所有高等教育财政经常性经费根据绩效指标分配的州。该州以州议会批准的《绩效拨款法案》为依据，对绩效拨款政策进行了规定。南卡罗来纳州的绩效拨款方式注重惩罚机制，只有达到"明显超出标准"等级的高校才能获得全额的经常性经费，其他等级的高校都将承受一定程度的经费削减。而且由于州财政拨款总额是固定的，南卡罗来纳州的绩效拨款在高校之间的分配竞争程度较高。

二、日本

(一) 义务教育财政事权划分

日本的财政级次同样分为中央政府、都道府县政府和市町村政府三级。由于受到单一制国家传统和战后西方国家的影响，日本财政体制表现出"收入集权、支出分权"的特点。在事权划分中，日本各级政府间的职责都有较为明确的分工。具体到义务教育，日本相关法律将其界定为三级政府的共有事权。中央政府主要负责制定义务教育标准，并对地方政府进行财政补助；都道府县和市町村两级地方政府负责义务教育的具体管理。三级政府间义务教育支出责任主要采取细分事权、分项承担的方式进行分担。其中，中央政府承担教师工资、教师长期福利费、校舍建设以及家庭困难学生补助等支出责任的一半左右，都道府县政府承担另一半的教师工资，市町村政府承担另一半的校舍建设支出和困难学生补助支出、图书和教材支出，以及除专职教师以外的其他教职员工（如警卫）的工资[1]。总的来看，在全部义务教育经费当中，中央政府承担了32%的支出责任，两级地方政府承担了68%的支出责任，在地方政府支出责任中，都道府县与市町村政府大约各自承担50%[2]。

(二) 职业教育财政事权划分

日本出台了专门法律规范教育领域中央和地方事权，如日本的《地方自治法》等明确了中央和地方政府在地方教育公共服务上的主要职责。伴随着经济社会发展和产业结构调整，当对职业教育发展的需求产生变化时，日本也通过进一步修订法律以调整完善各级政府的事权。其职业教育财政事权划分如表6-1所示。

---

[1] 高如峰：《农村义务教育财政体制比较：美国模式与日本模式》，载《教育研究》2003年第5期。
[2] 李祥云：《我国财政体制变迁中的义务教育财政制度改革》，北京大学出版社2008年版。

表 6-1　　日本各级政府职业教育财政事权

	地方政府	教育行政部门
教育部（日本称为"文部科学省"）		（1）制定职业教育改革措施和教育工作近远景规划； （2）确定职业教育基本标准； （3）制定职业教育方面宏观政策法规； （4）对地方的教育行政和管理机构进行领导和监督，政策保障和给予地方发展职业教育相应的指导； （5）分配高等专科学校和职业中学的经费； （6）学校领导的人事任免审批，新办学校的审批，教材运用的批复，确定管理者和教学人员工资标准等
省（日本称为"都道府县"）	（1）职业教育经费的分配； （2）公立职业学校的部分管理	（1）管理职业学校及其他教育机构； （2）掌管有关职业教育学校的课程设置、教材和教育技术运用、人事管理等； （3）管理私立职业教育学校的教学审批； （4）对县职业教育委员会的工作进行指导和建议
县（日本称为"市町村"）	（1）地方政府教育经费的分配； （2）对私人和社会办职业教育机构的管理	（1）具体执行相关职业教育学校和教育机构的管理工作； （2）对社会办职业学校进行管理和安排日常教育； （3）配置区域内的职业教育资源

资料来源：张绘：《事权与支出责任划分国际经验及其借鉴——以职业教育为例》，载《地方财政研究》2018 年第 1 期。

日本对职业教育各级政府的支出比例有明确规定，有利于支出责任落实到位。日本在职业教育人员经费的分配上就较为明确地提出职业教育教职员人员工资中中央政府配套部分约占 1/2；公用经费中的教材费用中央占 1/2；中央政府承担了在职业教育学校基础设施建设方面的经费责任。这些设施，主要是指校舍、室内运动场馆和寄宿宿舍占比为 1/2，同时中央政府还承担部分学生奖励与补助，配套占比为 1/2。都道府主要负责该级教职员经费，同时接受部分中央专项补助。市町村承担人员经费中的对职业教育学生的奖励与补助，承担教职员以外的图书管理员、伙食调理员等人员工资；承担职业学校部分教材、图书支出[①]。

---

① 根据日本文部省网站资料整理。

三、英国

英国是单一制发达国家,地方政府的权利和责任由中央政府确定。中央政府在任何时候均可通过立法改变地方政府的权责,甚至取消或设立某些地方政府。英国的地方政府包括两个层次:县委员会(County Councils;在苏格兰称为地区委员会,Regional Councils)和县委员会之下的地区委员会(District Councils)[①]。2008~2013 年,英国中央政府支出占全国总支出的比重均高于 85%,除 2013 年外,该比重趋于上升,由 2008 年的 85.71% 提高到 2012 年的 91.33%。英国中央集权制的特征表现得特别明显,并且其集权还在加强。中央承担了全部的健康支出责任(2013 年除外)和 99% 以上的国防支出责任,健康和国防构成了英国中央财政支出的重点。中央承担了大约 80%~90% 的一般公共服务、社会保障、经济事务和教育支出责任,70%~80% 的公共秩序与安全支出责任,60%~80% 的住房与社区事务支出责任(2008 年除外),约 50% 多的娱乐、文化与宗教支出责任和低于 50% 的环境保护支出责任。

(一)教育支出绩效评价

英国的教育支出绩效评价是建立在较为成熟的政府公共支出绩效评价的研究体系上。英国于 1982 年出台了《财务管理动议》,该动议明确提出了绩效评价的指标,要求各级政府部门对资金的使用效果进行关注。1998 年又颁布了《综合支出评价》和《公共服务协议》。其中,《综合支出评价》要求政府各部门对其预算和支出作出全面的审计,在此基础上形成以后三年的公共支出计划,并要求各级部门与财政部签订《公共服务协议》。《公共服务协议》中详细规定了权责目标等条款,由各部门部长直接对其负责。1999 年,又出台了《政府现代化白皮书》,提出了建设现代化政府的三条主要原则:即制定更注重结果的政策、提供有效的公共服务、更好地利用信息技术。

英国高等学校教育支出绩效评价主要是由教育部门自评为主,同时也接受

[①] Alan Clarke, Allan Cochrane. Making It All Add up: Budgeting under Fiscal Stress [R]. Local Authority Budgeting under Stress, Public Finance Foundation Discussion Paper, 1986, 12 (3): 40.

议会公共支出委员会下设的国家审计办公室、政府财政部门和社会公众的指导和监督。教育部门内设专门的绩效评价机构，通过每年向财政部和议会提交的《秋季绩效评价报告》，将计划与实际情况做一个详尽的比较，对达成的目标进行评价，对未达成的目标就行解释并提出相应的整改措施。议会公共支出委员会下设的国家审计办公室，专门依据经济性、效率性和有效性原则，对教育部门的财务状况和绩效目标的实现情况进行审计。审计报告一方面提交议会审议，另一方面发表在一些公开刊物上，接受公众监督。议会根据审计出的问题对教育部门提出整改意见，并进行跟踪落实，追究教育部门长官的责任。政府财政部每两年对教育部门预算进行一次考评，考评是以教育部门所提交的《秋季绩效评价报告》为基础，对教育部门设定的年度绩效目标的合理性、目标完成情况及社会经济效益、各项支出的合理性和绩效信息的真实性等进行严格的审查，然后再将考评结果报送内阁委员会，并向社会公众公布。社会公众的评价主要由公众评价和专家评价两方面组成。公众评价是通过向公众发放问卷，搜集相关信息，了解社会公众对教育部门的服务效果的满意度；专家评价主要是由高校、科研机构和中介机构等专业技术人员对教育部门的教育支出绩效进行科学的学术评价，考察教育部门的支出绩效。

英国高等学校教育支出绩效评价的对象主要是教育部门及其所管理的项目。对教育支出项目的绩效评价主要包括对项目决策效果的评价、对项目技术方案效果的评价、对项目经济性和有效性的评价、对项目社会影响效果的评价。总的来说，英国教育支出绩效评价非常注重经济性、效率性和有效性，且贯穿于整个评价过程。

英国高等学校教育支出绩效评价自 1986 年开始就确定了以入学标准、学生和教师的比例、获得哲学博士的教师数量、教授比率、图书经费、政府对研究的资助、学校提供的贷学金、毕业生长期就业情况、毕业后暂时就业情况、研究或继续学习情况、一等奖获得情况、毕业率、考研率、出国留学率等为指标对学校进行评价。

英国首先由教育技术培训部制订综合支出计划，并签署《公共服务协议》。其次，在综合支出计划的基础上制定部门投资战略报告、公共服务协议、绩效技术说明和效率技术说明。再次，提交《中期报告》和《秋季绩效报告》，汇报计划的完成情况。最后，将评价结果与实际管理工作相结合，并为下一年制订计划提供有效的参考。

英国将高等学校教育支出绩效评价的结果与实际管理工作相结合,作为教育技术培训部制定与调整长期规划和年度预算的依据,也作为国会和内阁对教育技术培训部行政责任制落实的重要依据[①]。

(二) 高等教育财政事权划分

由英格兰高等教育拨款委员会(以下简称 HEFCE)对科研拨款的分配是一种典型的绩效或产出导向型拨款方式,只有达到一定科研质量标准的高等教育机构才能获得拨款。对科研质量的评价由 RAE 做出,分配的经费主要用于科研的基础建设。这一分配具体体现在质量相关的主流拨款中。拨款公式以科研活动的人数作为计算科研拨款数额的基础,对那些达到一定科研质量标准(4 分以上)的学科,通过两种因素确定各高校的拨款额度:其一是成本权重系数,即将 68 个学科领域按其成本分为 A、B、C 三大类,每一类赋予不同的权重系数;其二是依据 RAE 的评价等级作为权重。某高校某学科获得的科研拨款额度就是学科拨款额度标准乘以费用权重系数与科研人员数量,再乘以科研质量权重系数。为了贯彻英国政府《高等教育的未来——政府白皮书》中提出的要求,HEFCE 还对那些科研评估达到 5 以上的学科提供额外的科研拨款。

四、德国

发达国家中,部分国家由联邦宪法或州宪法规定职业教育的中央和地方事权,也有单独规定中央(地方)事权,没有特别说明的可以依据具体情况推定属于地方或中央事权。

(一) 义务教育财政事权划分

德国是一个联邦制国家,其财政级次由联邦、州和市镇三个层级组成。德国的联邦制与美国的联邦制有很大不同,主要表现为德国州政府不具备立法权,

---

① 陈俊生、杨帆:《高等学校教育支出绩效评价的国际比较》,载《才智》2011 年第 10 期。

但却拥有主要的行政权,再加上由各州高级官员构成的"下院"具有影响联邦立法的巨大能力,德国州政府实际上比美国的州政府拥有更大的权力空间。因此,在事权划分上,德国的州政府也相对承担了更大的责任。具体到义务教育,德国三级政府间的分工也是相对明确的。其中,联邦政府并不直接担负相关责任,州政府负有主要的监督责任,市镇政府在"自治原则"的指导下具体负责义务教育阶段中小学的管理和运行。在支出责任的分担方面,从义务教育的经费来源看,公立学校经费的3/4来源于州政府,其余1/4来自市镇政府。从具体经费项目来看,教职员工的工资、师资培训和其他跨地区的经常性费用由州政府承担,与办学条件有关的校舍建设、设备采购以及后勤保障等经费由市镇政府承担。在支出责任的分配中似乎看不到联邦政府的身影,但这并不代表联邦政府不承担任何支出责任,因为联邦政府对州和市镇政府进行了大量的一般性和专项转移支付,这构成了州和市镇政府在安排义务教育预算支出时的一个重要财力来源。当然这在三级政府的经费分担中是难以清晰剥离出来的,能够清晰统计的只能是各级政府的直接支出[①]。

德国的基础教育有三个特点:一是各州高度自治,基础教育完全由各州负责;二是联邦和州之间、州与州之间存在合作关系;三是联邦和州之间、州与州之间通过建立协调机构来参与有关基础教育的决策,联邦教育部门的作用在于协调各州关系。各州拥有基础教育的自主权,一方面可以调动各州州办教育的积极性,另一方面各州能根据本州实际情况因地制宜地发展基础教育,发挥各自的特点和优势。联邦与州之间、州与州之间的合作,以及中间协调机构的建立,在一定程度上缓解了德国基础教育各州自治所带来的不足。从20世纪60年代开始,德国就采取了一系列旨在促进基础教育公平的改革;进入21世纪,由于国际学生评估项目(PISA2000)表现不佳,引发了新一轮旨在促进基础教育均衡发展的改革;从完全的各州自治,到建立不同层级的中间协调机构;从协调各州教学大纲,到建立联邦统一的教育标准和提升教育质量。上述改革无不体现了联邦对基础教育管理权限的逐步加强。

---

① 甘娜、刘大帅、甘行琼:《发达国家政府间事权配置适应人口流动的探讨——以义务教育和养老保险为例》,载《华东经济管理》2015年第12期。

(二) 高等教育事权划分

1998年《高等教育总纲法》第四次修正案和2006年修改的《基本法》对联邦政府在高等教育领域的权力进行了重新划分。联邦政府保留的部分权力包括：一是保留高校入学和结业决定权，确保文凭互认；二是维持对大学生学习资助的权力，保证教育机会均等。联邦政府下放给州政府的权力包括：一是取消了联邦政府的高等教育立法权；二是取消了联邦政府今后对扩建和新建高校基础设施出资的规定；三是限制联邦政府的教育规划权；四是将包括大学教师在内的工资和待遇的决定权下放到各州，以便实施教授工资与绩效挂钩的改革。

经过这一轮改革，除了学生资助、文凭互认和部分教育规划权，其他高等教育领域的权力都属于州政府。不过，联邦和州可以跨领域合作，例如，高校以外的科研机构和项目、高校中的科研项目、高校科研楼的建设等。

在支出责任上，德国公立高校的经费主要由基本资金、第三方资金和合同资金构成。2005年，德国高等教育经费收入中，80%的资金来自基本资金，16%来自第三方基金，4%来自合同资金。通常情况下，大学80%的经费源自州政府拨款，应用科技大学甚至有90%的经费源自州政府拨款。州政府拨款主要是基本资金，用于高校教学和科研的经常性支出，如人员工资、运转经费（包括材料成本和投资）等。根据修改后的相关法律，基建经费也由州政府承担。联邦政府的拨款除了少量基本资金之外，主要体现在对高校科研和基建方面的资助以及学生资助。2011年，德国高等教育公共支出共计238亿欧元，其中，州政府占83.9%，联邦政府占16.1%，相比2009年的13%，联邦政府所占的份额有所增长。

州政府给予高校的教学经费和科研经费不分开计算和拨付。德国高校科研经费制度是双轨制（dual funding system）。一轨是基本资金，即政府拨付给高校用于教学和科研的经费。这部分资金包括高校的人员经费、实验室经费、图书经费等方面的支出，约占高校总科研预算的75%，主要由负责高校基本运行经费的州政府提供。另一轨是研究项目资金，主要是第三方资金和合同资金中用于科研的经费，约占高校总科研预算的25%。第三方资金中，33%来自德意志研究联合会（DFG），24%来自工商界，20%来自联邦政府，10%来自国际机构（主要是欧盟），7%来自政府和私立非营利科研部门，6%来自其他公共渠道，其中近70%是公共资金。

合同资金中的科研经费主要来自州政府支持的科研机构、联邦和州政府的其他部门、基金会和基金社团（funding societies），其中80%是公共资金。总体而言，德国的科研经费中，来自工商界、联邦政府、州政府、其他部门的科研经费大概分别占60%、22%、15%和3%。

总体来看，德国高等教育最显著的两个特点是对政府财政投入的高度依赖和高等教育机构的均质性。高等教育高度依赖政府财政投入的体制，一方面，可以避免依靠市场调节而可能形成的高校财力方面的校际差异，利于实现教育机会均等和教育公平；但另一方面，会导致高校之间缺乏竞争机制，进而影响经费使用效率和教育质量。

近年来，德国高等教育领域进行了诸多改革，体现了政府尤其是联邦政府，试图打破高校均衡、促进高校竞争与分化发展，以及提高经费使用效率所做出的努力。这些改革包括高等教育领域权力的下移（从联邦到州，从州到高校）、绩效拨款的引入，以及"高校科研卓越计划"的实施等。虽然改革取得了一定的成效，但是，传统高等教育制度的影响，以及高等教育管理体系中市场角色的缺乏，使得德国高校未来的发展很难出现"金字塔形"的分化格局。

（三）职业教育财政事权划分

以德国为代表的职业教育采取了企业为主体的双元制职业教育体系（由三大体系构成：非全日制职业学校、具体的培训企业和跨企业培训中心）。双元制非全日制职业学校①的财政责任由州和地方当局负责。公司承担公司内培训的成本，联邦政府提供额外的资金支持。2007年，双元制培训成本中，公共资金占23%，私人（企业）资金占77%。可以看出，双元制的大部分成本由培训公司承担。双元制职业培训学校部分受州和地方当局的公共资金支持。州承担学校内部事务成本（如学校监督、课程设置、教师培训、教师薪酬），地方当局负责学校外部事务成本（如建筑物的维护和翻新、日常管理、教学资源采购等）。此外，州也补贴学校建筑物成本。州政府负担职业学校80%的成本，地方政府负担剩余部分。作为家庭收入支持的一部分，联邦政府仅通过提供学生生活补助

---

① 双元制之外的全日制职业学校由州预算支持。

金的方式对职业学校进行资助。

根据《基本法》和各州宪法,德国普通和职业教育系统的最高一级教育监管权力部门为州教育和文化事务部。州对学校内部事务（internal school matters）负责,执行主体为州教育和文化事务部及其下属教育部门,内部事务包括组织、计划、管理和监督整个学校系统,以及在相关教育法律的框架内对学校理念、教学和教育目标做出详细规定。学校的管理实体（the school-maintaining bodies）对学校外部事务（external school matters）负责。管理实体包括镇、市、自治市、农村区（rural districts）或区级自治市。外部事务包括学校建筑物修建、室内装饰、教学材料的采购和提供、人员管理和日常管理、非人员费用,以及学校的建立、变更、关闭等组织性事务。

中央政府承担的职业教育事权责任主要包括制定职业教育改革措施和教育工作的政策远景和规划；确定职业教育基本标准；对地方教育机构具体管理工作进行指导,对地方职业教育事业的发展进行督导；确定工资、人事任免和学校创立等。中央政府承担对职业教育弱势群体学生资助和补助,对一些特殊职业教育项目的经费给予支持。依据学生人数和教育成本等因素测算出中央对贫困地区的转移支付和税收返还数额。

地方政府承担的职业教育事权责任则主要是管理职业学校及其他教育机构,掌管有关学校组织人员的编制、职业教育课程设置和实习实训相关的规定,具体职业教育预算编制和执行的监督检查和绩效评价,对地方职业教育委员会的工作进行指导和建议。地方政府承担的职业教育支出责任主要是提供中等职业教育学生免学费的经费；改善学校办学条件的经费,用于提高教育质量的设备维修建设和购置经费、房屋修缮,向企业招聘优质师资等。

此外,近年来以德国为代表的各国政府中,中央政府在包括中等职业教育在内的基础教育领域,教育事权和支出责任划分中,对于政府的行政管理呈现出分权的倾向。中央政府在教育事权划分上越来越强调给予地方一定的办学自主权,增强地方办学的灵活性和差异性。如德国联邦《职业教育法》特别是在最近30年的实践中,始终保持了其核心原则,即强调灵活性,又对联邦职业教育机构进行瘦身以减少管理层级。在管理模式上向地方分权化倾向更为明显,学校办学自主权获得了进一步发挥。

在层级政府间支出责任划分时,德国政府的做法也较为典型。特别强调中央政府对弱势群体人群的财政支出责任。在中等职业教育中的财政投入主要是为了在基础教育阶段实现教育公平并且保证受教育质量，形成了一系列针对具有跨区域迁移的流动儿童、无家可归儿童等弱势群体进入高中阶段学习职业教育的补助和专项资金。高等教育阶段则通过国家奖学金系统，采取一定的学生资助，同时州政府也提供相应的资金补助，所在学区则提供相应的帮扶服务。以德国为代表的政府还承担了对贫困地区的职业教育投入的主要责任，以通过职业教育达到推动贫困地区产业发展实现教育扶贫的目的。

五、法国

法国中央政府在事权和支出责任划分过程中发挥了主导作用，同时在职业教育具体的管理上又给予地方较大的自主权。政府的高度重视、对职业技能的严格要求与训练以及较高的淘汰率，使得法国职业技术教育长期领跑于世界各国。

一是各级政府的管理范畴。依据法国宪法规定，公立教育应当是国家的职责，但各层次的教育管理应该由各级政府具体负责：按照办学层次来划分，市镇一级主要负责小学及幼儿教育的管理，省一级主要负责初中教育阶段，大区一级主要负责高中阶段及同级职业院校，国家中央政府则主要负责高等教育阶段。

因此，法国的职业高中、技术高中、部分学徒培训中心以及高中的技术班一般来说应该由大区负责管理；高级技术员班虽然也属高等教育，但因其设置在高中技术班，故仍然由大区管理；大学技术学院和职业学院、工程师教育以及研究生教育等多数都是设置在大学内部，一般是由国家中央政府来直接管理。

二是法国教育机构的职责和分工。在法国中央政府层面的国民教育部以及国家教育总署（见表6-2）是接受教育部长直接领导的最高级别的教育机构，两者的设置主要是为了促进教育发展，完成教育政策和规划，但两者的任务分工有所不同。国民教育部主要职责包括：一些日常的教育行政管理工作，比如具体职业教育机构和学校的管理体系的创建和实际运转。除此之外，在法国各大区内也有相应的教育总长，他们隶属于国民教育部，但却直接领导各个大区内部的教育行政和教育总学处。而职业教育的专业及课程由国民教育部在全国范围内进行统一规定,一般不能轻易改动,通过职业教育咨询委员会依据行业和企业以及技术变革的最新需求才能进行一定调整。国家管理的权限主要涵盖了课程开发,并统一规定了教育和办学设备所需达到的国家标准。

表 6-2　　　　　　　法国职业教育机构设置和管理权限

国民教育部		国家教育总署
致力于搭建与行业、企业开展合作的公约或协议框架	制定与行业、企业和社团组织合作的具体举措	制定职业教育的政策和规划、职业教育的教学计划和内容、教师的招聘、组织教师的职业技能教育和培训,并且有效保障师资质量
(1) 设立文凭委员会:管辖法国文凭发放。 (2) 设立企业合作处:制定或修订法国职业文凭	(1) 为实现从普通教育向职业教育的过渡,在初中阶段开设一些职业教育相关的初探课程。 (2) 开展一些跨专业和学科的职业实践教育教学课程,提升知识储备和知识应用。 (3) 从学校教育向学校、企业、行业合作模式转变,实施具有专业特色的行业高中标志制度	

资料来源:张绘:《法国职业教育事权与支出责任划分借鉴与启示》,载《财政科学》2017 年第 2 期。

在具体的职业教育经费支出上,法国政府对职业教育的投入一般是同学习阶段普通教育的 3 倍之多,并且对高中阶段学龄人口接受中等职业教育提供教材、实训和费用等方面很大优惠,这在很大程度上促进了职业教育的发展。法国中央政府承担了全部职业教育的教师工资并且将其纳入中央政府的预算,政府将教师纳入国家雇员系列,这就有效保障了教师的收入、权益和社会地位。

同时中央政府还承担了大部分对职业技术教育的财政补贴,大区政府则提供专项经费支持,促进职业教育发展,因此法国职业教育的政府支出责任主要在中央政府,同时地方政府通过专项经费有重点地支持与地方产业发展相吻合的职业教育专业发展。

除了中央政府和大区政府的经费,法国的职业教育还获得了欧盟社会基金和行业协会资助等收入。同时,法国政府给予学徒培训中心一定的创收自主权,允许其开发产品,创收收入用于改善教育教学。法国职业技术教育虽然以学校教育为主体,但法国政府通过立法措施,依然强制企业必须承担实施职业教育的义务。比如在教育经费方面，法国政府通过法律规定企业在完成各项缴税义务后，还必须承担至少两项与职业教育相关的支出：一是法律明确规定企业每年需按上一年职业工资的1.5%提取出一定的继续教育经费，主要用于本企业职工的在职职业技能培训。二是征收具有一定协商余地的学徒税。学徒税一般按上一年雇主支付工资总额中扣除0.5%的比例缴纳，政府将这部分经费用于支持整体职业技术教育的发展。但是如果雇主能够证明自己已经在职业教育方面投入了至少等额的资金时，那么就可以不再缴纳这项税收。对于私立职业教育学校，法国政府也承担一定的支出责任。政府通过契约合同，与获得政府办学资格的职业技术学校达成合作，通过政府购买服务的手段，政府负担一部分教师工资、日常运行管理费用和设备的补助支出。

同时教育部履行一定职权对私立职业教育学校开展职业技术教育监督和评估，建立负面清单以促使其办学达到政府要求的标准；私立学校的教学行政人员如果出现职业行为和道德方面的过失，国民教育学区委员会也将对其审核，并进行问责和惩罚。

第二节 各国的教育事权划分的经验总结及启示

教育事权与支出责任划分的标准从各国的经验来看，并非一成不变，而是在不断根据教育发展需求的变化进行优化和调整的过程。

一、教育事权划分法定

从上述五国的经验来看，教育事权与支出责任的划分都是从国家治理的层面用法律来规范和进行保障的，必须通过立法的手段予以解决。各国都非常重视通过相关法律、法规逐渐形成对职业教育事权和支出责任划分的有力保障，通过法律形式明确中央与地方在职业教育领域与事权相匹配的支出责任划分，并且中央与地方事权的划分涉及到的法律层次较高,很多国家都将事权与支出责任划分纳入《宪法》确定的范畴。

例如,法国的教育事权和支出责任都通过法律规定,其高度重视事权的法定化,而且把教育的事权与支出责任划分上升到了宪法的层面;随着职业教育的发展,不断地对法律进行修订和完善;法律规定的各级政府的教育职权和支出责任非常明确,易于操作和评估;对各级政府在教育领域投入的比例非常清晰,这就为职业教育发展中各级政府的支出责任提供了依据和保障。德国职业教育的立法权在联邦政府,在经历了欧盟调整职业教育的新规定等一系列挑战后,通过修订德国《联邦职业教育法》给予地方政府更大管理权限,以实现职业教育的灵活性与差异性。在绩效评价方面,绩效评价能公平公正、持之以恒地开展,就必须有一套完善的法律法规制度作为保证。通过建章立制来规范绩效评价的程序和方法,约束和指导评价工作。

对于我国的教育事权改革而言,也应以法律为依据划分我国各级政府的事权,将政府事权以法律的形式固定下来。依据我国的根本大法《宪法》中"中央统一领导,地方分级管理"的基本思想划分我国中央和地方政府的事权。同时,要结合《地方各级人民代表大会和地方各级人民政府组织法》的精神,对各级地方政府的事权进行更详细的规定。此外,在划分各级政府事权时,还应考虑我国《教育法》《突发公共卫生事件应急条例》《环境保护法》等具体行业、领域的法律条文。

二、教育支出是政府的主要支出项目

与中国中央政府侧重于承担一般公共服务、经济事务、国防等服务全国的财政支出责任,而地方政府主要承担地方性的经济事务、社会保障及教育等方面的财政支出,这一做法不同的是,上述五国将教育与健康支出作为中央政府的重要支出项目。

例如,在美国、英国的中央政府支出项目中排在前两位的是社会保障支出及健康支出(美国占比分别为 32.25%、26.18%;英国占比分别为 35.19%、18.24%);德国的中央政府支出项目中社会保障支出也排第一位,占比为

45.75%。教育及社会保障支出则是西方发达国家地方政府的主要支出项目,例如,美国州政府支出项目中排在前三的分别为教育、健康及经济事务支出;德国州政府支出项目中排在前三的分别为一般公共服务、教育、社会保障支出,地方政府支出项目中排在前三的分别为社会保障、一般公共服务、教育支出;英国地方政府支出项目中,社会保障、教育及公共秩序安全支出位列前三。其他支出项目由州政府或地方承担主要支出责任。

对于我国而言,也可以适度考虑增加对教育支出的投入,国家要加强政府在教育财政投入上的主体地位和主导作用,稳定教育经费来源,继续保持政府财政投入为主,政府财政投入应优先保证对教育事业的投入。还应加强对教育的法律保护力度,确保教育经费的合法用途,在实行预算安排时,要确保《教育法》中规定的教育经费"三个增长"(中央和地方政府教育拨款的增长要高于财政经常性收入的增长,生均教育经费要逐步增长,教师工资和公用经费要逐步增长)的落实,在此基础上,根据经济发展状况,将财政收入超收部分更多地用于教育投入,确保教育支出的稳定增长。

三、政府财政三级教育支出合理分配

财政教育支出在三级教育中的分配反映了国家对教育的支持力度和财政教育资源在教育系统内部的分布状况,其在三级教育中的合理配置直接影响着各级教育的发展及其结构的合理发展。上述五国在义务教育、高等教育和职业教育三个方面具有较为成熟的经验,值得我国借鉴,尤其是我国当前强调职业教育改革[①]的背景下,加强职业教育支出管理能有效促进我国的职业教育的改革和发展。

各国政府发挥了市场、社会、学校和政府的合力促进职业教育健康发展。例如,美国通过联邦宪法、州宪法和各类教育法规定了联邦、州和地方职业教

---

① 2019年1月24日国务院印发《国家职业教育改革实施方案》(简称《方案》)。《方案》把党中央、国务院奋力办好新时代职业教育的决策部署细化为若干具体行动,提出了7个方面20项政策举措,包括完善现代职业教育体系、健全国家职业教育制度框架、促进产教融合校企"双元"育人、建设多元办学格局、完善技术技能人才激励保障政策、加强职业教育办学质量督导评价、做好改革组织实施工作等。资料来源:http://www.gov.cn/zhengce/content/2019-02/13/content_5365341.htm。

育事权和支出职责，并通过法律手段制定关于财政转移支付的法律，做到"事权法定"。尽管联邦宪法规定职业教育是州而非联邦政府的责任，但在由政府支持的具体职业教育计划方面，联邦政府还是发挥了一定的资助作用，联邦承担的职业教育职责主要包括：对弱势群体和贫困学生的资助、就业引导、校企合作奖补经费、联邦还承担相关的专项性转移支付支出责任。美国地方政府有税收立法权，自主决定学区内的财产税税率以保障各级各类学校教育经费、债券支持的职业教育项目、职业学校建筑、教师工资和福利，等等。

法国地方政府通过建立一系列契约与行业、企业达成共识，有效实现职业教育培训的人才需求，为符合最新区域市场对职业教育的要求提供有力保障，从而使职业教育人力资源得到最大限度的发挥，政府、学校、社会和市场形成合力，推动职业教育学科专业体系的建设。同时，法国出台了系统性支持职业教育发展的政策，明确责任主体，对于通过市场行为提供职业教育服务的，政府承担相应的责任，采用一定的税收手段，强制企业对职业教育进行投入，并对社会办学提供监督和问责。法国中央政府还承担了职业教育教师工资的主要支出责任。法国中央财政承担了所有职业教育教师的工资，且职业教育教师被纳入国家公务员序列，具有较高的社会地位和工资待遇。

从各国的具体实践看，中央政府承担的职业教育事权责任主要包括制定职业教育改革措施和教育工作的政策远景和规划；确定职业教育基本标准；对地方教育机构具体管理工作进行指导，对地方职业教育事业的发展进行督导；确定工资、人事任免和学校创立等。

我国对初等教育的支出虽然在不断增加，但与中等、高等教育相比仍有很大的差距，我国当前的财政性三级教育支出结构呈现出高等教育投资比例比较高，而初、中等教育投资比例较低的情况。根据研究，在我国各级教育投资中，中等教育对人力资本的增长的弹性最大，初等教育次之，而高等教育投资增长的弹性为负，这主要是因为高等教育的年生均教育成本过高。我国现阶段的三级教育支出结构与我国经济发展水平明显不相适应，我们国家应当努力调整这种状况，在教育支出规模不断增长的情况下，加大对初中等教育的投资力度，尤其是职业教育的投资力度。与此同时，高等教育的投资也不能减少，即必须在扩大财政性教育投资规模的同时调整教育支出结构。

四、健全的制度保障与支撑条件配合

在有限的财政资源情况下如何提高资源的利用率,成为各国教育、财政部门重点关注和要解决的问题。将市场规则引入高等教育市场,使得资源配置更有效率和更加公平;同时,也促进了高等教育的公平竞争,有助于提高高等院校的办学质量和水平。

世界各国开始进行的财政拨款模式改革的一个重要方向就是把产出或绩效拨款机制引入高等教育资源的分配中。但是,绩效拨款模式对相关绩效指标的定性标准不易把握,也难以量化,从而限制了它的应用范围和程度。所以大多数国家和地区还是以投入拨款为主,只是其中引入了绩效因素,如澳大利亚和英国、美国的一些州等。鉴于我国目前的现状,完全实行教育经费绩效拨款不太可能。绩效拨款模式只是作为公式拨款法等模式的辅助方法。

职业教育改革中,以职业教育管理体制来划分,发达国家的职业教育管理体制大概有四种类型:一是以法国为代表的中央集权制,二是以美国为代表的地方分权制,三是以英国和日本为代表的中央地方合作制,四是以德国为代表的企业为主体的双元制职业教育体系(由三大体系构成:非全日制职业学校、具体的培训企业和跨企业培训中心)。各国职业教育的行政管理体制和文化传统不同,各级政府所管辖的事权范围和不同层级政府间的支出责任差异也很大,各级政府履行的具体职责也存在一定差异。但整体来看,在整个教育管理机构的设置中,各级政府都有两个相对独立的机构,负责管理教育的不同方面。在美国,州政府的教育行政部门和教育委员会是两个相对独立的机构。在日本,地方教育行政机关是独立于地方政府的教育委员会,具有一定的独立管理权限且不受地方行政管理的干涉。法国也有两个比较类似的部门。由于教育行政部门相对独立,在人员编制、经费的管理方面有较大的自主权,更有利于教育的管理,同时两者各司其职能够统筹协调和互相监督。我国的职业教育改革可依据自身的行政管理体制设置,基于我国的文化背景进行各部门的统筹协调工作,从而为教育事权改革提供有力的支撑。

第七章
政府教育事权划分的改革建议

财政是国家治理的基础和重要支柱，党的十八大以来，深化财税体制改革被提上党和国家的重要议事日程，而事权和财政支出责任划分是财税体制改革的一个关键环节。党的十八大和十八届三中、四中、五中全会相继提出"健全中央和地方财力与事权相匹配的体制""建立事权和支出责任相适应的制度""适度加强中央事权和支出责任""推进各级政府事权规范化法律化"，等等。党的十九大提出："加快建立现代财政制度，建立权责清晰、财力协调、区域均衡的中央和地方财政关系。"这些重要要求为我国中央与地方财政关系的法治化，特别是事权与财政支出责任划分的法治化指明了方向。事权与支出责任的合理匹配是我国进行财税体制改革的关键，是必须要解决的问题，而财税体制改革的成功与否直接决定了我国的经济健康发展。地方政府作为我国政府的重要组成部分，对地方政府间事权与支出责任的匹配问题进行研究对于整个社会的发展都有非常重要的意义。

教育是政府提供公共服务的重要内容，同时教育也是典型的中央和地方共同事权。合理划分政府间教育财政事权与支出责任是教育财政投入的制度保障。为切实保障教育服务供给，推进公共教育服务均等化，科学划分公共教育领域内各级政府的"权"与"责"，不仅是理顺各级政府间财政关系的重要内容，而且对个体的人生规划、地区的经济发展乃至整个国家的长治久安具有重大战略性意义。总体上，我国现行政府间义务教育事权与支出责任划分，在提高义务教育的财政保障水平和促进义务教育公平等方面发挥了重要作用，但仍存在部分事权与支出责任在政府间划分不合理、不清晰，以及支出责任分担机制设计对地方激励不足等问题。我国层级政府间教育财政事权与支出责任划分存在的问题主要体现在如下两个方面：

第一，政府间教育财政事权与支出责任存在的最大问题，是财政事权、支出责任与财权的不匹配。一方面，分税制改革后，尽管中央通过转移支付的形式在很大程度上弥补了地方政府的财力缺口，但地方政府的财政自主性受到较大约束。特别是"营改增"改革实施后，作为地方税主体税种的营业税被纳入增值税中，地方税失去了主体税种，地方政府的财权进一步受到制约。另一方面，"以县为主、省级统筹"是我国基础教育财政体制的主要表现，省级政府应承担统筹职能。但从法律和政策的实际执行情况看，省级统筹的制度规范、评价标准、配套政策和监督机制均有待建立，省级政府统筹教育事业发展的力度薄弱，县级政府教育事业发展的负担较重。

第二，转移支付结构不甚合理。首先，转移支付包括一般性转移支付和专项转移支付两种。虽然2015年将专项转移支付中的农村义务教育阶段学生营养改善资金和教师特设岗位计划工资性补助资金纳入一般性转移支付中的城乡义务教育教育补助中，专项转移支付比重仍然过高，这在很大程度上限制了转移支付资金在均衡地区教育资源配置中的作用。其次，超过1/3的专项转移支付专门用于支持校舍改扩建和改善学校硬件条件，较少转移支付用于改善教师生活条件，呈现出明显的"重物轻人"倾向。政府间义务教育财政事权和支出责任划分虽然相对清晰，但主要针对公用经费而非人员经费。最后，教育转移支付主要集中于义务教育和高等教育，学前教育和高中教育专项转移支付资金占比不足1/4。

针对目前我国现行政府间义务教育事权与支出责任划分存在的问题，提出以下几点对策建议。

第一节 形成教育事权划分的法律体系

一、中央与地方事权划分的理论依据

中央与地方关系是一个国家实现长治久安的最重要的基础性、制度性关系之一，同时也是高度复杂化的关系，因为其涉及信息不对称条件下的委托代理关系、分工合作关系等。结合我国国情，为适应市场经济发展的需要，我国政府间事权划分应遵循以下原则：

（一）效率原则

亚当·斯密最先将公共物品和私人物品加以区分，并在《国富论》中阐述

了公共物品的性质及其供给问题,认为公共物品必须由国家或政府提供。在遵循效率最大化的前提下来确定公共物品的供给主体。效率主要体现在两个方面:一是以最低的成本提供公共物品,二是最大限度地发挥公共物品的效用。通过考察公共物品的受益范围,来界定各级政府的事权范围和支出责任。受益范围仅局限于本地区、本地政府有能力提供并且可以更高效完成的事务应由交由本级地方政府负责,受益范围较广、本级地方政府无力提供或者承办效率低的事务交由上级政府承担。

(二) 公平原则

首先,要保证对下属同级政府间事权范围划分的公平性,即同一级政府下属的多个政府之间应具有基本相同的事权范围,从而既保证公平性,又便于上级政府统一管理;其次,要保证对同一层级政府事权范围划分的公平性,即同一层级政府应具有基本相同的事权范围;最后,应该保证同一辖区内的居民享受到相对公平的公共服务,控制并缩小贫富差距,使发展的成功由全体人民共享。

二、我国教育事权划分现状

(一) 纯中央事权

纯中央事权是指由中央政府负责的全国性公共事务,其承担主体是中央政府,所需经费完全由中央财政负责。一般来说,纯中央事权的规模比较庞大,甚至需要高级技术支撑,没有明显的区域特征,其受益范围惠及全国领域,全体居民都能均等地享受,因此由中央政府负责承办有利于提高效率、兼顾公平,从而实现社会净效益的最大化。

(二) 纯地方事权

纯地方事权是指由地方政府全权负责的地方性公共事务,其承担主体是各级地方政府,所需经费也完全由地方财政负责。区域性公共品有清晰的受益边界及明显的区域特征,且充分体现本辖区公民的偏好。相对于中央政府而言,地方政府具有的信息优势、更加了解辖区居民对公共产品的需求和消费偏好，在配置区域性公共品时会更加高效，且具有针对性。所以，应将区域性公共品的事权划归受益地区的地方政府。

(三) 混合型事权

混合型事权是指需要由中央与地方政府共同负责的公共事务，其承办主体是地方政府，所需经费由中央对地方的转移支付资金、地方按比例分摊负责的资金构成。首先，混合型事权有一定的区域特征，其受益范围没有遍及全国，但又涉及两个或两个以上的区域，单独划分给某一个地方政府有违公平原则，因此需要中央政府统筹协调各地区，以便合理调整政府间财政分配关系，调动各级政府承办公共事务的积极性和主动性。其次，混合型事权涉及两个或者两个以上的利益主体，由于地方政府占有信息优势，更加了解辖区居民对公共产品的需求、供给数量等情况，所以一般由中央委托地方承办。

(四) 事权划分具体现状

目前对于我国教育层次的划分主要是分为义务教育和非义务教育。义务教育又可以称为强迫教育或者免费义务教育，因为它是在法律规定下，国家对于适龄儿童和青少年实施的强迫性的教育制度。根据我国《宪法》规定：适龄儿童和青少年都必须接受义务教育，任何个人或者组织不得妨碍适龄儿童和青少年接受义务教育。与非义务教育相对应的，义务教育具有明显的强制性、公益性和普及性的特点。我国义务教育是九年制，包括小学以及初中教育。非义务教育的定义与义务教育相对，不受国家强制约束，是可以由受教育者自主选择，受教育者可根据实际需要选择不同的非义务教育方式，并且它的最显著特性是需要受教育者付费，不像义务教育，具有免费的特点。而在我国，非义务教育具体则主要包括了学前教育、高中教育、职业教育、高等教育以及研究生及以上教育。

由于相关法律法规和政府文件缺少对学前教育和普通高中教育财政事权和支出责任的规定，即便考虑到中央对地方的教育转移支付，高中阶段教育财政支出来自中央政府的比重不足25%，学前教育不足10%。政府间教育财政事权和支出责任划分属于国家治理结构的重要问题，与我国政治管理体制和权力结构密切相关。一方面，我国实行中央集中领导的自上而下的政治管理体制。但由于信息不对称的存在，中央制定的教育政策往往会超出地方的承受能力。中央处在行政权力的上位，习惯于将教育财政事权混同在行政权力中传递至地方，从而不承担相应的支出责任。另一方面，在现行体制下，在同一级政府内部，教育事业管理、教育经费筹措与管理、教育发展规划与基建投资、教职工薪酬等权力分割到教育、财政、发改和人力资源等不同部门，这种权责不对称的政府结构，削弱了教育部门统筹管理和配置资源的权力。

我国目前对于教育事权划分相关立法体系不够完善、法律相关规定过于笼统，在《中华人民共和国教育法》（以下简称《教育法》）第七章"教育投入与条件保障"部分提出："国家建立以财政拨款为主、其他多种渠道筹措教育经费为辅的体制，逐步增加对教育的投入，保证国家举办的学校教育经费的稳定来源。"对于哪级政府具体承担何种财政支出责任，《教育法》却没有进一步明确。《教育法》第十八条还提到各级人民政府应当采取措施，为适龄儿童接受学前教育提供条件和支持，但也没有明确各级政府具体要承担的支出责任。在原则上，教育服务提供的职责和相应的财政支出责任归地方政府，而中央政府基于监管和调控职责而产生的财政支出责任应该是补充性的、第二位的。在目前的分细项的共同事权做法下，第一，中央政府、地方政府的支出责任予以固定化，相当于地方政府在相关教育服务不同支出科目之间的统筹能力受到了限制，从而可能会影响其积极性和主动性，也为地方政府推卸相关的责任提供了依据和可能。第二，可能会限制中央政府的灵活调控。在教育共同事权的做法下，将来相关的立法确定后，中央政府的相关支出责任也就确定了。目前基本上按照中央政府是否发生财政支出确定教育共同事权，并没有解决哪些事项应该成为教育共同事权的本质标准问题；如果有新的事项需要中央政府支出时，此类事项是否就成为教育共同事权？如果不是，那支出的依据又是什么？

三、推进教育事权划分的具体措施

针对这种现状，借鉴国外经验，即事权划分的基础是法治，对于我国教育事权和支出责任的具体划分应当建立和完善一个完整的关于中央和地方教育事权划分的法律体系。而对于完善中央和地方教育事权划分的法律体现而言应当主要从以下三个方面进行努力：

一是要对教育事业的管理和发展职能进行中央和地方事权的划分，同时进行立法完善，对于一些不合理的事权划分规定进行清理。比如对《教育法》进行修订，根据我国中央、地方财力匹配性以及事权划分的基本原则确定事权划分路径，纳入法律条文，通过列举法或者推定法界定出中央或者地方政府应该承担的教育事权，将教育划分层级，每种教育包括教师人员经费、基础设施建设、学生学费补贴等各个方面都进行相应的规定，使事权划分做到有法可依。

二是要对教育财政支出责任的中央和地方划分进行立法完善。例如，新增《教育支出法》，明确中央与地方财政应该重点保障的教育支出项目，为各级政府的财政支出提供法律依据和政策保障，使各级财政资金走上法制化的道路。教育事权与财政支出责任划分的法治化与整个事权与财政支出责任划分的法治化乃至中央与地方财政关系的法治化密切相关。未来应该由全国人大或全国人大常委会制定《财政基本法》《政府间财政关系法》，规定有关财政、税收方面的基本制度。而包括教育事权在内的事权划分和财政支出责任划分是财税基本制度的重要组成部分，应该在《财政基本法》《政府间财政关系法》中规定各类事权和财政支出责任划分的基本原则、总体框架和基本制度。

三是要根据相关立法出台配套实施细则，对教育事权的划分进行进一步的明确，例如要建立财政事权与支出责任"双公示"，不仅要实现事权透明，更要实现支出金额透明，从而实现有效监管，防止地方政府在教育支出方面"越位"或者"缺位"，也防止地方政府对教育资金的违规操作与违法管理。

第二节 财力事权相匹配

一、财力与事权

政府间的财政关系涉及各个方面的内容，但是核心要素主要是事权、财权、财力和支出责任，事权与支出责任、财权和财力分别涉及政府间的财政支出和财政收入的概念。事权指的政府在公共服务的提供中所承担的任务和职责。在我国，事权是计划经济体制下的产物，更多的一种行政隶属关系的象征，主要是指各级政府对所辖区域内的国有企事业单位进行管理的一种权利，不过随着经济社会的发展，事权这一概念的内涵与外延得到了不断的扩展，在目前的市场经济条件下，事权可以被理解为政府机构在各自行政管辖范围内对各种公共事务进行管理，同时提供公共物品和公共服务的职责，这种职责在财政支出上的体现就是支出责任。因此可以将支出责任理解为政府为了事权的有效履行，同时为了向社会公众提供满足其偏好的公共服务而对财政资金支出所承担的义务。对政府间事权清晰合理的划分是现代财政制度有效运行的前提，也是进一步科学界定政府间支出责任的基础，而支出责任是事权有效履行的保障。因此，政府机构在履行事权的同时，也必然需要承担实现事权的支出责任，二者需要互相匹配。

二、我国教育事权与支出责任背景

研究结果显示：地方政府承担了约84%的教育财政事权和95%的教育支出责任，并且除高等教育外，地方政府在其他教育阶段都承担了99%以上的支出责任，总体上中央教育财政事权与支出责任承担都略显不足。党的十八届三中全会指出，深化财税体制改革，要建立事权与支出责任相适应的制度；党的十九大进一步指出要加快建立现代财政制度，建立权责清晰的中央与地方财政关系。在过去几年里，随着新《中华人民共和国预算法》的正式实施以及"营改增"的全面铺开，我国在预算改革和税制改革领域都取得了重大突破，下一步，理顺政府间财政关系、明确各级政府财政事权与支出责任，不仅日渐成为财税体制改革的核心和关键问题，并且是充分发挥财政之于国家治理的基础性和支柱性作用、推进国家治理体系和治理能力现代化的制度保障。针对我国地方政府教育支出责任重大，而财权相对较小的现状，对于我国教育事权划分的改革还必须重新建立起财权与事权相匹配的财税制度。具体而言，就是当地方政府对于教育事权负有重大的支出责任时，必须赋予地方政府更大的财权，这样才能够使得地方政府有着充足的财力去履行其相应的教育事权。

要健全中央和地方财力与事权相匹配的财政体制。一是完善中央地方事权和支出责任划分。具体来讲包括适度加强中央事权、明确中央和地方共同事权、区域性公共事务为地方事权、调整中央和地方的支出责任。二是要进一步理顺中央和地方收入划分。据悉，2003~2012年间，中央财政收入占全国财政收入比重年均为52%左右，最高年份曾达到56%。完善事权和支出责任划分需要相应调整政府收入划分，将收入周期性波动较大、具有较强再分配作用、税基分布不均衡、流动性较大、易转嫁的税种划为中央税，或中央成分比例多一些；将其余具有明显受益性、区域性特征、对宏观经济运行不产生直接重大影响的税种划为地方税，或地方分成比例多一些，以充分调动两个积极性。

三、推进地方政府财权与事权的均衡

针对我国地方政府教育支出责任重大，而财权相对较小的现状，对于我国教育事权划分的改革还必须重新建立起财权与事权相匹配的财税制度。具体而言，就是当地方政府对于教育事权负有重大的支出责任时，必须赋予地方政府更大的财权，这样才能够使得地方政府有着充足的财力去履行其相应的教育事权。一是要在地方财力与中央财力相对稳定的基础上，合理划分中央与地方的收入格局，调整中央和地方分税比例，增加地方财力，从宏观制度上保证地方稳定收入。二是建立稳定的地方收入来源渠道。首先，增加地方主体税种，我国中央掌握增值税的75%，调节收入分配的个人所得税中的60%，引导正确消费的消费税以及与国家主权相关联的关税，而地方失去主体税种营业税后应加快主体税种的确立，可将财产税或者资源税发展为地方的主体税种，从而增加地方收入。其次，进一步简政放权，落实"费改税"，夯实地方财力，例如将教育费改为教育税，不仅增加地方教育经费，也能够打破"重税轻费"的税收管理难题，保证经费征收率。最后，允许地方政府为筹集教育经费而发行债券，例如教育债券等。当然，除了增加地方政府财力之外，我国政府也可以在事权划分方面扩大中央事权，减少地方事权。对以前不当下移的事权，规划至中央，尤其是以前属于中央委托地方的事权，而且由地方承担导致降低效率的那些事权收归中央，比如我国现行教育事权划分中，义务教育的教师人员经费由地方政府承担，地方财力不足易导致拖欠教师工资问题，事权划分后的行政效率低。但是随着省直管县，乡财县管的推进，可由中央政府承担教师经费这部分刚性支出，进一步使得中央地方两级政府财力事权相匹配。具体措施如下：

（一）稳定地方财政收入渠道

建立稳定的地方收入来源渠道。首先，增加地方主体税种。我国税种主要划分为中央税、地方税和共享税三大块。但在细分时，划分方法却不统一，既有按税种划分，也有按行业划分，还有按企业经济属性划分等。划分方法存在交叉重叠，导致中央税和地方税的界定范围不明晰。地方缺乏主体税种，收入难以维持财政运转，也无法满足公共服务的开支。我国的18个地方税税种大多数是一些分布零散且征管难度较大的小税种。2010年我国地方财政税收中主要有营业税（约占33.7%）、国内增值税（约占15.9%）、企业所得税（约占15.4%）、契税（7.5%）、个人所得税（约占5.9%）、城市维护建设税（约占5.3%）、土地增值税（约占3.9%）、城镇土地使用税（约占3.1%）、房产税（2.7%）、耕地占用税（2.7%）等。可见，地方财政收入主要依靠营业税、增值税和所得税。其中增值税和所得税都是共享税，大部分税收都归中央，仅有营业税的收入比较稳定，在一定程度上起到了主体税种的作用。然而，营改增之后，增值税征收范围的扩大将严重减少营业税收入，导致地方财政愈发困难。

我国中央掌握增值税的75%，调节收入分配的个人所得税中的60%，引导正确消费的消费税以及与国家主权相关联的关税，而地方失去主体税种营业税后应加快主体税种的确立，可将教育政府事权划分为省政府承担60%的支出责任，中央政府通过转移支付提供财力支持。就我国而言，我们可以学习葡萄牙对于学前教育的经费投入，比照小学教育标准，建立起政府主导、私人投资和家庭合理负担的投入机制。具体对于政府财政支出而言，加大对于学前教育的财政资金投入力度，强化政府财政支出责任，积极动员和鼓励社会力量投资办园、捐资办园等。根据财务分权的相关理论，由于中央和省、市一级政府对于学前教育基本公共服务缺乏信息优势，县级政府应当是学前教育财政支出的主要责任主体，县级政府承担最大的运作管理责任，但是由于县级政府财政负担过重，因此对于学前教育的财政经费安排应当由省级、市级和县级政府共同分担,各级政府要将学前教育经费纳入财政体制预算安排中去,对学前教育经费做出统一的安排和决策。具体而言,县级先管理公办、民办的普惠性幼儿园,再投入改扩建或者新建的普惠性幼儿园,最后再考虑民办幼儿园。如果经费不足,可由省、市级政府支出相关费用。

(二)授予地方适当的税收立法权

面对财政体制改革和税收权限划分无法可依的局面,加强立法建设是第一道工程,使一切财政活动在有法可依的前提下,进一步理顺中央与地方财政分配关系。对于目前无法修改《宪法》的情况下,可以先从财政基本法来入手,规范财政管理体制,它是国家财政活动的基本规范和基本准则。虽然我们有《预算法》,但实际上它只是一个程序法,很难解决财政制度运行中的问题。我国是单一制中央集权的国家,不能够赋予地方完全的自治权力,但我们可以在保持中央相对权威的基础上,保障地方应有的利益,维护其地方一级政府的地位,保证其充足的财政收入。赋予地方政府的税收立法权我们可以分为三部分:第一,将地方政府独享的税种的税收立法权完全赋予地方政府,这样既可避免中央脱离各个不同地区实际制定出适用全国的立法,却无法让地方政府真正享受到全国性立法所带来的好处,同时各地方政府可以根据本行政区域的实际情况来制定相关税收立法。地方如果对其独享的税种具有立法权,便可以灵活使用该税收,便于其服务于当地的经济建设。地方政府可以依据当地的实际情况对该税种进行升征、减征、停征、税率的调整、相关税收的退税等。第二,赋予地方政府"费改税"的立法权,这样既可以将具有税收性质的费直接改为合法的税,同时也可以避免各地乱收费、乱摊派、乱罚款的现象。第三,我国是一个幅员辽阔的大国,各地拥有各自的税源优势,如果让地方政府自己来确定税收立法,地方政府可以依据本区域的资源情况来开辟新的税源。这不仅调动了地方税收征管的积极性,同时也有利于地方因地制宜灵活处理当地的税收利益关系。

(三)赋予地方政府适当举债权

美国、德国、日本等国的地方政府融资体系都比较发达,地方债已成为政府公债的重要组成部分。目前,我国法律明确规定地方政府不得发行地方政府债券，但地方政府实际存在不少的隐性债务。结合时代形势，有必要再度将地方举债权提上议案，以进一步深化财政体制改革。当前我国经济平稳较快增长，为赋予地方举债权奠定了经济基础；在财政体制改革不断完善的进程中，地方政府的事权范围和支出责任逐渐明晰，为赋予地方举债权提供了制度保障；地方政府组织本级财政收支的能力逐步增强，偿债能力及承担风险的能力都得到了一定提升。在此基础上，可以在一定条件下赋予地方政府适当的举债权。

（四）增加地方政府财政收入

要在地方财力与中央财力相对稳定的基础上，合理划分中央与地方的收入格局，调整中央和地方分税比例，增加地方财力，从宏观制度上保证地方稳定收入。1994年的分税制改革调整了中央与地方的收入分配格局，社会主义市场经济条件下的分级分税财政体制得以初步建立。但是我国基础教育的教育经费依然主要由地方政府，特别是县乡级政府承担，而财政收入重心上移的局面导致了地方教育经费出现更加严重的短缺情况，这使得基层政府的实际财力与其承担的教育支出责任严重不匹配。

第三节 优化教育转移支付制度

针对我国教育事权划分中存在转移支付不合理的局面，出于对我国教育事权划分的完善，就应当优化教育转移支付制度。而具体优化我国教育转移支付制度，笔者认为应当主要从四个面进行优化和完善：

一、强化中央政府转移支付的均等化功能，弱化保护地方运行功能的作用

在结构优化方面，要增加教育财力性转移支付，降低专项转移支付占比，

突出财力性转移支付弥补地方教育财政缺口的功能，充分发挥教育转移支付在均衡地区教育资源配置中的作用。由于中央政府的专项转移支付常以专项转移资金的形式拨付，对于地方教育发展自主性不利，束缚地方的发展能力，因此应改变我国目前以专项支付为主、一般转移支付为辅的转移支付体系，从而建立以一般转移支付为主、专项转移支付为辅的转移支付体系，进而保证教育事权能够得到一般性转移支付的支持，利用地方政府更了解地方办学条件、学生数量以及教师需求等教育情况的优势，让地方政府充分了解地方急需发展的方向，提高教育经费使用效率；要建立层级政府间对人员经费的分担标准，提高转移支付中用于师资队伍等软件投入的比重，切实改善教师工作待遇和生活条件。在制度完善方面，要核定教育财政投入保障标准，综合考虑地方财力水平、教育需求、地区和人口特征，构建科学规范的教育转移支付体系。要逐步建立以"因素法"为特征的财力性转移支付公式，尽可能避免转移支付制度中的主观随意性。

二、对专项转移支付进行规范化的调整

一般而言，专项支付都是突然性、偶然性的项目，透明度差，随意性大。针对我国现有财政转移支付存在的问题，为了更好地实现转移支付的价值和其对地方政府财权与实权在"营改增"税制改革后的平衡作用，必须对其进行规范性构建。首先，实现转移支付的法制化。转移支付虽然在我国已经经历了近20年的发展与改革，但由于缺乏权威的、客观的标准，公平与透明性较低，而随意性比较大。鉴于转移支付对地方政府财权与事权的平衡中的作用，我们需要进一步加快立法，以法律的形式规定转移支付的标准、内容、测算方法和监督机制。由于转移支付是一个涉及全国范围的财政体制，因此不仅宪法、预算法要加强关于转移支付的相关规定，更应该建立一部专门的转移支付法来将其具体化，强化立法机关对政府的财政行为进行监督。虽然这些年来立法机关对财政转移支付行为的监督做了不少的努力，但是由于缺乏刚性手段，财政转移支付资金在预算编制和执行过程中并没有很好地受到权力机关的监督。加强对财权转移支付资金的审批预算和决算的程序，同时对预算执行过程中的偏差进

行实时跟踪，并实行官员问责制，现实对转移支付从头到尾的立体化监督。

其次，针对这些项目，要建立起专门的规章制度，制定严格的专项转移支付的经费支出公式，使专项转移支付具有规范性和科学性，避免权力"寻租"以及财政资金分配过程中的违法违纪现象，保证教育资金用到实处。我国转移支付一直采用"基数法"进行核定，这使转移支付均等化的功效大打折扣。国际上，转移支付多采用"因素法"核定，以保证转移支付的公平性。对于因素，可选择不易受人为干扰、能真实反映收支水平的客观因素，如人均 GDP、人口密度等，据此确定转移支付金额。也可以建立科学的数学模型，测算相关因素，但要注意数学公式中的数据的准确性、指标的公正性。为保证数据来源的真实可靠，应健全国家统计核算指标体系、数据采集体系。对于转移支付资金的来源，可以采用"剩余原则 + 比例法"，即中央政府先满足本级财政支出的需求，再将剩余的资金用于转移支付，上级政府转移支付金额中用于一般性转移支付的比例应不低于 50%。

三、加强对于转移支付的法律规范

财政转移支付是一种政策性强、涉及面广、影响因素繁多的分配形式，只有通过法律加以规范和协调，才能充分发挥其促进地区间财力均等化的功效。美国、日本等国家的转移支付制度都具有法制化的特点。但我国现行的转移支付制缺乏规范性，透明度低，亟待加强法制化建设。我国应在《预算法》修订的基础上，尽快制定颁布《财政转移支付法》，以法律的形式将财政转移支付的原则、形式、目标、标准加以规定，减少人为因素的干扰，保证转移支付制度的有序运行。转移支付预决算应公开、透明，并健全相关制度。此外，还应建立监督体系，保障转移支付资金的有效使用，体现财政转移支付制度的法制性和权威性。

四、强化省政府的横向平衡机制，建立横向转移支付制度

完善的财政转移支付制度是以彻底的分税制为基础，并且是以明确界定政

府间的财权和事权为前提的。从目前研究成果来看,我国纵向政府间转移支付尚存在均等化效应存疑、扭曲地方政府行为、公共产品供给不足、资金使用效率不高等问题。基于这一突出的现实,具有互补性意义的横向转移支付制度构建也就自然引起更多的关注和思考。目前的财政转移支付制度虽然在调节纵向政府间关系方面起到一定的作用,但是在调节横向政府间财政关系方面的作用则非常小。横向转移支付制度理论上具有均衡地区间财力的作用,能够弥补纵向财政转移支付制度的不足。具体到我国横向转移支付的政策目标上,应当更加侧重保证具有辖区外溢性公共产品的供给。具有辖区间正向外部性的公共产品,地方政府是缺乏供给动力的(Broadway and Hobson,1993),这就需要通过转移支付来协调地区间公共产品的供给,以弥补供给地区的成本。而我国的教育现状横向间分布极其不均,且教育本身具有极大的外溢性。针对我国地区发展差异,可以东部和西部地区相对应的省份之间建立起省级的横向转移支付制度,以补充中央转移支付,从而完善我国的教育转移支付制度。

第四节　完善考核监督机制

一、教育事权的执行存在问题

通过调研还发现,即使已有文件对部分义务教育事权与支出责任在中央政府与地方政府间做了较为清晰合理的规定,但在执行中还存在事权落实不到位的问题。以教育规划事权(包括事业发展规划和布局规划)为例,相关文件规定,中央和省级政府负责制定义务教育的指导思想、改革与发展目标等,市县政府结合本地区社会经济发展状况编制区域内教育事业发展规划,同时赋予中央和省级政府对于市县制定教育规划进行督查和指导的职责。这种事权划分是较为清晰合理的,但在实践中各级政府都存在事权落实不到位的问题。就市县政府而言,虽然市县政府定期编制教育规划,但由于存在对编制规划认识不足、重视程度不够以及能力欠缺等问题，导致规划编制质量较差，执行过程中随意性较大。尤其是布局规划中的项目规划问题最突出。按照目前财政部门的要求，"专项资金跟着项目走，项目跟着年度计划走，年度计划跟着项目五年规划走"，也就是说，市县要得到中央和省义务教育项目专项资金拨款，先要编制好五年规划（建项目库），其次是根据五年规划制订好年度计划，再次根据年度计划制订好项目实施可行性方案。一旦得到上级拨款，必须要严格按照计划和项目实施方案执行。由于规划、计划质量较差，项目实施方案未经过严格论证，中央和省根据市县上报的计划和项目实施方案下拨资金后，市县对计划和项目实施方案若不做重大调整几乎无法执行，若调整执行又存在资金使用严重不合规的问题，这是导致很多专项资金不能及时执行的重要原因之一。就中央和省级政府而言，本应该督查市县规划编制，以切实提高编制质量，同时也要对市县规划编制给予指导，以解决地方客观存在的能力和技术不足问题，但目前中央和省级教育部门的这项职责并未真正落到实处。

二、完善考核机制的重要性

中央给予地方一般性转移支付能够提高地方政府发展教育的积极性，但是在给予地方政府教育发展自主性的同时，也要保证其充分行使事权，政府工作落到实处。因此，完善的考核机制必不可少。对于地方官员的考核机制对地方政府如何提供公共服务具有指导性的作用，对于地方政府履行公共事务事权具有重大的影响。在传统的以"GDP"为中心的考核机制中，地方政府往往对有利于GDP提升的相关经济建设项目投入更多的财政支出和精力，而对于不能够直接创造GDP的教育事业而言，地方政府往往财政投入和关注力度都相对较少。改进地方治理措施，加强中央对地方支出行为和绩效的监督。其一，要加强对转移支付资金的监督管理。针对不同的转移支付形式应采取不同的监管方式。一般性转移支付作为地方的基础财力，应由同级人大和上级财政对其预算的执行进行监管、对其决算进行审查；专项资金则应审查项目的重要程度，对其可行性加以研究，准确测算项目所需资金，并对实施的全过程进行监督管理。其二，要对转移支付资金的使用效果进行综合考评。可以根据转移支付的形式及资金的用途，选取科学的考核指标，构建合理的评价体系，以此为标准对资金的使用效率进行考核，以保证转移支付资金的合理使用，不断提高资金的使用效率。

同时，地方官员的考核机制对地方政府如何提供公共服务具有指导性的作用，对于地方政府履行公共事务事权具有重大的影响。在传统的以 GDP 为中心的考核机制中，地方政府往往对有利于 GDP 提升的相关经济建设项目投入更多的财政支出和精力，而对于不能够直接创造 GDP 的教育事业而言，地方政府往往财政投入和关注力度都相对较少。在传统的以 GDP 增速为代表的考核机制下，财政分权显著地增加了地方政府对经济建设事业公共服务投入的效率，而降低了对科教文卫事业公共服务投入的效率。因此，我国应逐步完善行政管理制度，由"经济建设型"政府考核机制和官员晋升标准向"社会民生型"政府考核机制和官员晋升标准转变。党的十八届三中全会后出台的《中共中央关于全面深化改革若干重大问题的决定》也已经明确提出：完善成果考核评价体系，纠正单纯以经济增长速度评定政绩的偏向。

三、完善考核机制的具体措施

（一）量化绩效考核标准

对十我国教育事权划分问题的优化必须改革相关考核机制，将教育事权的履行情况纳入地方政府的考核机制中，将地方政府对于教育事权的履行情况作为绩效考核的重要标准之一。对于绩效考核标准，我们可以从以下两个方面量化考核：

一方面是教育支出数量的绩效考核，根据相关法律规定的地方政府应当承担的事权职责，通过了解地方财政部门及教育部门的年度报表或者年终决算报表，考核该年度对于教育经费支出金额是否达到了教育发展计划金额来确定地方政府对于教育事权的承担情况。

另一方面是教育支出质量的考核，这个指标分为过程性指标和结果性指标两个方面：规范办学行为，减轻学生课业负担，建立健全区域教育质量保障体系，提高教师队伍素质等，可以作为过程性指标；而学生的身心健康、学习能力与成绩可以作为结果性指标。教育质量是衡量教育是否科学发展的关键，必须引导地方政府摒弃以分数衡量教育质量的片面质量观。此外还可以通过教师教学，业务能力评价，学校硬件设施等级提升，受教育者与教学者的听课、授课体验等多方面，来了解教育事权承担的情况。对于那些事权职责完成情况较好的地方政府官员，给予一定的奖补或者晋升激励。当然，在绩效考评过程中还要考虑当地政府的财政收入能力，以及财力事权匹配情况等多方面因素。

（二）建立健全地方政府教育问责制

问责制作为一种制度设计和安排，其所具有的制度优越性是我们建立地方政府教育问责制的基本动因。问责制对于问责对象的行为具有良好的导向、监督和矫正功能，是一种有效的管理手段。建立问责制的重要性和必要性已被多国的实践所反复证明。其一，问什么责？地方政府教育问责制之"责"有政府责任和法律责任两层含义，从最广意义上来看，政府责任是指政府能够积极地对社会民众的需求做出回应，并采取积极的措施，公正、有效率地实现公众的需求和利益。从狭义的角度来看，政府责任意味着政府机关及其工作人员违反法律规定的义务，违法行使职权时所承担的否定性的法律后果，即法律责任。另外，还必须明确政府不能履行教育责任所要承担的法律责任，否则问责就失去其严肃性和约束力。例如，山东省对出现多次严重违规办学行为的县（市、区)，予以行政处罚（资格罚和申诫罚），对当地党政负责人予以行政处分。对地方政府进行问责属于行政问责范畴，因此所追究的法律责任是行政法律责任（包括行政处罚和行政处分）。《党政领导干部辞职暂行规定》（2004）、《中华人民共和国公务员法》（2005）、《行政机关公务员处分条例》（2007）以及教育法律法规对于行政法律责任的规定为教育问责提供了规则支持。其二，对谁问责？本书讨论的是对地方政府进行教育问责，问责的对象显然是地方政府，似乎问责对象或者说责任主体非常明确，实际上并非如此。在我国，地方政府有省、市、区县、乡镇等不同层级，尽管在区域教育改革与发展中，国家对于不同层级的地方政府有推进区域教育优先发展和科学发展的共性要求，但不同层级的地方政府的教育管理权限和职责毕竟不同，如地方高等教育的管理权限归属于省级政府。因此，对地方政府进行教育问责，问责的对象不是单一主体，而是多元主体，应该根据其不同的职责范围确定考核和问责的重点内容，体现出对不同层级政府问责的差异性。其三，谁来问责？"谁来问责"涉及的是问责的主体问题。西方国家有议会问责、司法问责、行政内部问责、公务员问责、选民问责等形式。我国目前对于地方政府的问责主要是同体问责即行政系统内部问责,由上级政府对于下级政府进行问责。目前我国对于地方政府的教育问责都属于同体问责,另外,我国教育督导制度中的"督政"也可以归属于同体问责。其四,怎样问责?"怎样问责"涉及问责的时间、程序、方式、方法等问题。在问责时间与程序上,应该走向常态化、制度化,我国的行政问责制是在"非典"时期被催生并加速推进的,现在一些地区的行政问责包括教育行政问责依然具有"风暴式""运动式"特点,这种问责在短期内有效果,但从长远看,对于地方政府的教育问责的启动与程序不能由上级政府与领导的偏好来决定,教育问责需要常态化、制度化,需要建立一种长效机制。在问责方式上,可以考虑多种方式的选择与整合。可以在对地方政府进行综合性政绩考核与问责时,把教育作为其中一部分进行问责;也可以对教育进行专项问责;还可以结合督政进行教育问责。这些方式可以择取一种使用,也可以结合整合使用,但切忌同时并用,重复问责。否则,地方政府必然不堪其苦,如若不同的问责有内容冲突,更会使地方政府无所适从。在问责与考核的方法上,应该由传统的定性考核转向定量考核。传统的定性考核方法存在着相当大的主观性和模糊性,而运用统计方法根据考核指标体系对地方政府及其领导班子进行定量评价,用数字说话,更具客观性和清晰性。这就要求建立区域教育发展监测制度,严把统计数据质量关,由于运用统计数据准确与否直接关系到评价的质量,这就要求提高考核指标数值的准确性,更好地发挥统计数据的管理功能。

第五节　简化财政和政府层级

一、我国现行财政层级

目前我国财政层级分为中央、省、市、县、乡镇五级,预算层级过多,行政效率过低,且形成了事权下移、收入上移的局面。因此,政府财政层级改革迫在眉睫,其有效措施之一便是实行"省直管县"财政体制,在省和县两级政府之间直接构建财力分配框架,并辅之以"乡财县管"财政体制,逐步形成中央—省—市县三级财政体制。依据"一级政权,一级事权,一级财权,一级税基,一级预算,一级产权,一级举债权",构建财力与事权相匹配的财税体制。

二、三级财政体制的可行性

我国事权划分不清晰有一个重要的原因是政府层级过多。我国自秦代以来就开始实行郡县制度,在元朝正式建立行省制度,最后逐渐形成了三级政府的行政体制。纵观国外经验,大多数国家都是实行的三级政府和三级财政制度,西方主要发达国家对于教育事权同样也是实行了三级政府和三级财政的制度。由此可以看出,无论是从我国历史来看,还是从国外关于教育事权划分经验来看,针对我国教育事权实行三级政府和三级财政事权划分制度完全是可行的。

实行三级财政体制有利于夯实财政体制的基层力量,把县市级财政建设成职能完善的基层财政,降低行政成本,解决政府机构重叠、供养人员过多等问题。同时,也可以促进政府职能转变、明确划分事权范围,提高行政效率。从而增强省级政府对市县级财政的统筹协调,为规范省以下各级政府间的财政分配关系,建立结构合理、职能完善、运行高效的分级、分税财政体制奠定坚实的基础。同时,在教育事权划分中实行三级政府和三级财政的制度,有利于教育事权划分更加细致,可以充分调动中央和地方政府对于教育事权的履行情况,有利于教育事业的更好发展。因此,对于我国教育事权和支出责任划分中就应当继续坚持三级政府和三级财政的制度或者资源税发展为地方的主体税种,从而增加地方收入。

三、明确政府间事权和支出责任

(一) 科学界定政府事权范围

以法治原则规范政府、市场和社会各自的职能范围，合理界定政府事权。按照市场在资源配置中起决定性作用的基本原则，在《宪法》框架下，以《预算法》及各单项公共事业法律法规（如《教育法》等）为基础，明确界定政府事权范围，并以"正面清单"约束政府，对政府而言是"法无许可不可为"，对各类市场主体而言则是"法无禁止即可为"。还要逐步建立起事权划分的动态调整机制。事权划分根据客观条件的变化进行动态调整。对新增及未明确划分的事权，要根据社会主义市场经济体制改革进展，经济社会发展需求以及政府财力增长情况，将由市场或社会承担的事务，交由市场主体和社会力量承担、由政府承担的事权在中央与地方之间进行合理划分。

(二) 科学界定中央与地方的事权

在明确政府事权或者公共事务治理责任范围的基础上，按照公共产品供给范围和行政管理相结合的原则，对中央和地方政府间的事权范围进行清晰的界定和划分：具有完全外部性的全国性公共产品及全国性宏观调控的公共事务如涉及宏观经济稳定和全国统一市场的事务，像反垄断、国家标准制定、知识产权保护、国家安全和外交、全国性重大传染病防治、战略性自然资源使用和保护以及跨区域重大项目建设维护等事务由中央政府独立承担；将地方政府易于掌握情况、受益范围局限于某些特定领域的公共产品由地方政府承担、负责；允许地方政府以地方立法的形式明确省以下政府之间的事权划分，尽量减少上面决策下面执行的事项。由于我国幅员辽阔、各地区发展不均衡，跨区域受益的事权应该由中央与地方政府共同承担。在此基础上，对多级政府共同交叉行使的事权，应该通过相关法律法规作出清晰、具体的界定，以避免相互推诿或者上推下卸。国务院应该按照宪法赋予的职权，对各级政府的事权划分进行明确细化，并探索以法律或法规形式对各级政府的事权与支出责任加以明确和规范。近期计划可以考虑以国务院行政法规形式对各级政府的职责进行具体而详细的划分，长远目标通过制定专门的法律或对宪法的条款加以必要的细化，来明确界定各级政府的事权和职能分工。

（三）科学划分中央和地方政府间的支出责任

1. 合理划分政府间支出责任

政府间支出责任的划分和界定，要符合市场经济体制的要求，符合现代公共财政的原理，符合当前公共服务、分权、资源配置的理论原则。达到合理划分的标志：一是应该划为中央的支出责任全部划归中央，应该由地方政府承担的支出责任全部划为地方，能够彻底划清的支出责任一定做到泾渭分明，极大地减少中央与地方的共同事权和分担的支出责任，消除上下级政府事权的严重雷同。二是地方政府承担的属于中央政府的支出责任全部集中到中央，中央承担的属于地方政府的支出责任完全划给地方，彻底消除支出责任与各级政府职能、事权不相符的现象，解决各级政府在支出责任上"缺位"或"越位"的问题，达到有什么事权就必然承担什么支出责任，有多少事权就必须承担多少支出责任的目标。三是坚持统一的原则和统一的标准，做到地方政府支出责任均衡化，体现公平公正。不能因财力小就少承担，因财力大就多承担，需要考虑的是应该不应该承担。财政困难的地方中央可以通过转移支付解决，不能因为财力问题推卸应该承担的支出责任。四是适当加大中央政府的支出责任。从目前全国财政支出的比重看，中央政府的事权较少，对宏观调控不利，划分中应适当增加与其职能相符的支出责任。五是重点加大省级政府的支出责任。长期以来公共产品和公共服务提供的主要承担者是中央和市县，中央承担全国性的，市县承担基层的，而省级政府应该作为地方政府支出责任的重点。六是大力减轻县乡政府的支出责任。长期以来县乡政府的支出责任太重，是各级政府事权下移的集聚地或最终归宿，要严格控制县乡政府的支出责任范围，不应该承担的一项也不能划入。乡镇政府的职责主要是落实各层级上级政府政策的，本身的支出责任要严加限制。通过合理界定政府间的支出责任，使各级政府都能够自愿承担应有的责任，提高责任心、自觉性和积极性，彻底改变被动、应付的状态。

2. 明确划分各级政府的支出责任

所谓明确是指各级政府在履行职能和事权中支出责任的归属明确,不存在模糊地带,没有转嫁推卸的可能。一是明确中央政府的支出责任及支出范围,如国防、外交、国家安全等属于中央的支出责任不再让地方政府承担。二是明确地方政府的支出责任和支出范围,如地方行政经费、区域性公共产品的提供等属于地方支出责任中央政府不再承担。三是明确中央与地方共同事务中的支出责任,如对跨区域公共产品的提供,需要中央与地方配合实施的事务,要明确划分中央承担的支出责任和地方承担的支出责任,并通过"契约"形式明确化。四是明确划分中央委托地方事务中的支出责任。如有些事权属于中央的但为了提高效率委托给地方政府实施,但支出责任应该由中央完全承担,在委托事权的同时划拨所需资金,地方政府不承担支出责任,只是代替中央政府履行其职责。通过支出责任的明确划分,消除存在的"模糊地带",制止因支出责任不明造成事权"转移"现象和"中央请客、地方买单"等问题。

3. 详细划分政府间支出责任

所谓详细划分是指将支出责任落到实处,即落实到政府的各项支出上,不能只作概括性、原则性的划分,因此必须制定各级政府支出责任清单。一是将支出责任划分到每级政府,公布各级政府的支出责任内容、范围,并在此基础上制定政府支出责任法。二是支出责任进财政预算,要与财政预算保持一致,不能两张皮。三是支出责任与支出科目一致。以支出责任为据制定支出科目,对现有的预算支出科目进行调整完善,取消支出责任以外的科目,增加支出责任之内的科目。四是保障支出责任的资金安排。本级独立承担的支出责任由本级安排财力,共同承担的支出责任确定资金分担比例。五是上级政府新增事权由出台政策的一级政府承担支出责任,安排所需资金,下级政府只负责落实。六是支出责任划分到部门单位,明确各自的权责范围和支出额度,最好一项支出责任原则上由一个部门负责,确需多个部门共同履行的支出责任,明确牵头部门,分清主次责任。通过细致的划分做到"一个萝卜一个坑",消除"寅吃卯粮""相互挤占""互相推诿"的现象。

4. 完善地方政府收入体系

遵循财政支出责任配置与财政收入筹集能力相适应的原则,合理界定中央与地方财政支出责任之后,需要相应地进行财政收入的调整,达到尽可能地匹配。只有让地方政府拥有收入自主权，地方事权与支出责任相匹配才能够最终落到实处，从而也才能够从根本上规范地方政府行为，降低地方政府对土地财政、地方债的依赖度。在确保中央资金充足的前提下，划给地方一定范围的权力。第一，将诸如增值税、企业所得税以及个人所得税等对我国宏观经济有很大决定权税种的立法权划给中央控制，地方只享有征管权，避免地区与地区恶意竞争；第二，将那些诸如房产税和城建税之类在全国开征却很大程度作用于一部分区域经济的税种，要以中央出台的基本法律为前提，把进一步细化的决定权划给地方；第三，要给地方因地制宜的权利，如可结合所辖区域的资源优势，适当征收一些具有地方特质的税种。但需要先征求当地居民的意见，制定相关的征管办法，然后报中央审批，由中央决定是否开征。逐渐赋予省级政府适当的税收管理权，确定各级地方政府的主体税种，应该研究以个人所得税作为省级政府主体税种，房地产税作为市（县）级政府主体税种的可能性。

四、完善政府间纵向财政转移支付制度

由于各地经济发展水平不同，财政收入差距很大，必然产生财政支出责任需要的财力与统一划分的税种配置的财政收入能力之间大小不等的差异。在合理划分中央和地方政府事权、支出责任、税收及非税收入的基础上，以基本公共服务的形式由中央政府承担"兜底"责任，与地方财政经济能力"脱钩"，做到大致均等化提供；与公民基本权利"挂钩"，与户籍、居住地、职业等居民身份性特征"脱钩"，由全体居民大致均等化地分享，以此为基本原则，清理、归并专项性转移支付，着重重构均等化转移支付制度。需要建立和完善一套科学合理、透明规范的一般转移支付和专项转移支付制度，来解决财政支出责任与财政收入能力之间纵向上和横向上的不平衡问题，最终形成完整规范的省以下政府间财政管理体制。

（一）在明确划分政府间事权与支出责任的基础上设计转移支付体系

完善转移支付体系，保障民生政策的落实并推进基本公共服务均等化，明确各级政府的事权与支出责任是建立科学的财政转移支付制度的基本前提。今

后改革的方向是强化中央事权和支出责任，明晰各级政府事权和支出责任范围，减少对地方事权和支出项目的干预。相应地，现行转移支付结构要顺势调整。调整的方向，一是强化一般性转移支付，促进基本公共服务均等化，将现行对地方支出责任范围内实施的专项转移支付调整并入一般性转移支付。二是专项转移支付应主要解决外部性、共同支出责任问题和实现中央特定政策目标，对中央事权和支出责任范围内的事项，由中央财政支出，不再通过专项转移支付安排，对地方事权和支出责任范围内的事项原则上通过一般性转移支付安排，增强地方自主权，中央财政不再通过安排专项转移支付加以干预。

（二）完善一般性转移支付制度

要设定长期、中期和短期基本公共服务均等化目标，明确公共服务的领域和具体事项。针对不同时期的目标，选择切实可行的政策路径。进一步完善一般性转移支付制度框架，明确转移支付的资金来源，降低转移支付总规模确定的随意性。优化一般性转移支付资金分配方式，继续发挥多年来选择客观因素、按照公式分配资金的优势，减少资金分配的随意性。取消税收返还，并入一般性转移支付；整合一般性转移支付中的均衡性转移支付和其他各项具体转移支付形式，将其他各具体形式的转移支付作为影响因素在新的一般性转移支付公式中体现，以发挥一般性转移支付制度的合力。优先弥补禁止和限制开发区域的收支缺口，推进基本公共服务均等化。

（三）完善专项转移支付制度

专项转移支付要根据政府间支出责任划分，进行分类规范、清理整合。逐步减少专项转移支付的类别和规模，并将其补助范围相对集中到义务教育、社会保障、扶贫救灾、环境保护、公共交通等主要项目上，并建立规范的专项转移支付方案，按照不同用途对专项转移支付方案进行分类设计，提高专项转移支付的效益各级政府转移支付资金分配原则上应当直接面对民众，面对最终受益人，增强专项转移支付制度的透明度，特别是决策透明度，做好中央财政专项转移支付制度与地方政府预算编制的衔接工作，使得地方政府预算能够全面反映中央财政的专项转移支付，形成统一规范透明的财政转移支付制度。

（四）完善财政转移支付监督机制

对于一般性转移支付，由于中央不规定其具体的用途，由地方政府自行支配，这部分资金运用的监督管理应主要通过对地方政府的预决算的审查和预算执行的监督来实现；对于专项转移支付，则要从项目的立项审查、项目的跟踪督办直至项目验收考核进行全过程的监督管理。建立转移支付制度的绩效评价机制。此外，要健全转移支付法律法规制度。转移支付制度应当有法可依。从长远看，在推进相关改革的基础上，条件成熟时，出台政府间财政关系基本法和转移支付法。通过法律法规及制度明确博弈的规则，确定财政转移支付的政策目标、资金来源、分配标准、分配程序，确保规则的合法性、严肃性，保障财政转移支付的政策效果。

参考文献

[1] 陈共:《财政学》,中国人民大学出版社 2017 年版。

[2] 程瑜:《政府预算契约论:一种委托—代理理论的研究视角》,经济科学出版社 2008 年版。

[3] 崔潮:《治理型财政建设中的教育事权与支出责任划分》,载《河北大学学报》(哲学社会科学版) 2018 年第 1 期。

[4] 崔惠玉、陈宏宇:《进城务工人员子女义务教育事权与支出责任划分研究》,载《财政科学》2017 年第 9 期。

[5] 杜育红:《教育财政事权与支出责任:改进的取向与实现的机制》,载《教育经济评论》2020 年第 2 期。

[6] 范先佐:《教育经济学新编》,人民教育出版社 2015 年版。

[7] 《国务院办公厅印发"教育领域中央与地方财政事权和支出责任划分改革方案"》,载《预算管理与会计》2019 年第 7 期。

[8] 韩旭:《中央、地方事权关系研究报告》(国家智库报告),中国社会科学出版社 2015 年版。

[9] 黑龙江省财政厅课题组:《黑龙江省教育领域政府间财政事权和支出责任划分研究》,载《预算管理与会计》2019 年第 10 期。

[10] 黄韬:《中央与地方事权分配机制:历史、现状及法治化路径》,上海人民出版社 2015 年版。

[11] 李祥云、卢跃茹、雷玉琪:《我国政府间义务教育事权与支出责任合理划分研究》,载《教育经济评论》2018 年第 1 期。

[12] 李祥云:《深化我国政府间教育事权划分改革亟待解决的几个问题》,载《教育经济评论》2020 年第 2 期。

[13] 李振宇、王骏:《中央与地方教育财政事权与支出责任的划分研究》,载《清华大学教育研究》2017 年第 5 期。

［14］廖楚辉：《教育财政学》，北京大学出版社 2016 年版。

［15］刘承礼：《以政府间分权看待政府间关系：理论阐释与中国实践》，中央编译局出版社 2016 年版。

［16］刘松月：《教育事权与支出责任划分：概念界定、划分原则与解决方案》，载《教育经济评论》2020 年第 2 期。

［17］柳海民、周霖主编：《义务教育均衡发展的理论与对策研究》，东北师范大学出版社 2007 年版。

［18］楼继伟：《中国政府间财政关系再思考》，中国财政经济出版社 2013 年版。

［19］卢跃茹：《我国职业教育事权与支出责任划分研究综述》，载《职业教育》（下旬刊）2019 年第 10 期。

［20］卢振家：《推进省级以下教育财政事权和支出责任划分改革的思考——基于广东 HZ 市的分析》，载《财政科学》2017 年第 2 期。

［21］卢中原：《财政转移支付和政府间事权财权关系研究》，中国财政经济出版社 2007 年版。

［22］马海涛、郝晓婧：《中央和地方财政事权与支出责任划分研究——以公共教育领域为例》，载《东岳论丛》2019 年第 3 期。

［23］马荣泽：《吉林省教育领域财政事权和支出责任划分研究》，载《财政科学》2020 年第 6 期。

［24］全胜奇：《我国义务教育财政事权与支出责任划分问题探讨》，载《河南教育学院学报》（哲学社会科学版）2017 年第 6 期。

［25］盛锐：《我国高中教育财政事权与支出责任划分问题探讨》，载《河南教育学院学报》（哲学社会科学版）2018 年第 1 期。

［26］孙开等：《公共产品供给与公共支出研究》，东北财经大学出版社 2006 年版。

［27］孙开、王冰：《优化普通教育事权与支出责任划分的基本思路》，载《经济研究参考》2018 年第 48 期。

［28］孙开、王冰：《政府间普通教育事权与支出责任划分研究——以提供公平而有质量的教育为视角》，载《财经问题研究》2018 年第 8 期。

［29］谭波：《央地财权、事权匹配的宪法保障机制研究》，社会科学文献出版社 2018 年版。

[30] 谭建立：《中央与地方财权事权关系研究》，中国财政经济出版社 2010 年版。

[31] 田志刚：《地方政府间财政支出责任划分研究》，中国财政经济出版社 2010 年版。

[32] 王浦劬：《中央与地方事权划分的国别研究及启示》，人民出版社 2016 年版。

[33] 王善迈、王骏：《合理划分政府间教育财政事权与支出责任》，载《教育财会研究》2019 年第 1 期。

[34] 王雪云：《教育财政事权与支出责任划分问题探讨》，载《河南财政税务高等专科学校学报》2017 年第 6 期。

[35] 魏建国：《国家治理体系和治理能力现代化背景下的教育事权与财政支出责任划分》，载《教育经济评论》2020 年第 2 期。

[36] 魏建国：《教育事权与财政支出责任划分的法治化——基于一个理解框架的分析》，载《北京大学教育评论》2019 年第 1 期。

[37] 文政：《中央与地方事权划分》，中国经济出版社 2008 年版。

[38] 吴春霞、郑小平：《农村义务教育及财政公平性研究》，中国农业出版社 2009 年版。

[39] 吴丽娜：《职业教育财政事权与支出责任分析》，载《现代营销》（经营版）2019 年第 4 期。

[40] 吴丽娜：《职业教育财政事权与支出责任分析》，载《现代营销》（信息版）2019 年第 5 期。

[41] 席鹏辉、黄晓虹：《财政压力与地方政府行为——基于教育事权改革的准自然实验》，载《财贸经济》2020 年第 7 期。

[42] 谢京华：《政府间财政转移支付制度研究》，浙江大学出版社 2012 年版。

[43] 辛欣：《教育领域省与市财政事权和支出责任划分改革方案》，载《民心》2020 年第 7 期。

[44] 徐双敏、李明强：《行政管理学》，科学出版社 2016 年版。

[45] 于雯杰：《教育事权和支出责任划分国际比较与启示》，载《中国财政》2019 年第 23 期。

[46] 袁连生：《改革和完善各级政府教育事权、事责与支出责任划分体

制》，载《教育经济评论》2020 年第 2 期。

［47］张绘：《事权与支出责任划分国际经验及其借鉴——以职业教育为例》，载《地方财政研究》2018 年第 1 期。

［48］张绘：《政府间职业教育事权和支出责任划分的思路与建议》，载《财会研究》2017 年第 10 期。

［49］张绘：《职业教育事权与支出责任划分的国际经验借鉴》，载《中国财政》2017 年第 16 期。

［50］张亚萍：《我国政府间教育事权与支出责任划分研究》，载《合作经济与科技》2020 年第 3 期。

［51］赵海利、陈芳敏：《政府间义务教育财政事权和支出责任演变——来自美国的经验》，载《教育发展研究》2017 年第 8 期。

［52］赵海利、陈芳敏、周晨辉：《高等教育财政事权与支出责任的划分——来自美国的经验》，载《经济社会体制比较》2020 年第 2 期。

［53］赵婧：《基础教育事权与支出责任的划分研究——"我国层级政府间基础教育事权与支出责任划分"学术研讨会综述》，载《教育经济评论》2018 年第 4 期。

［54］赵力、田发：《上海教育事权与支出责任划分研究》，载《中国林业经济》2017 年第 5 期。

［55］赵丽江：《政治学》，武汉大学出版社 2012 年版。

［56］赵永辉：《我国高等教育支出责任与财力保障的匹配研究》，中国社会科学出版社 2016 年版。

［57］赵卓娅：《我国学前教育财政事权与支出责任划分问题探讨》，载《河南教育学院学报》（哲学社会科学版）2018 年第 2 期。

［58］郑华章：《职业教育财政事权与支出责任探讨》，载《河南财政税务高等专科学校学报》2017 年第 6 期。

［59］中国财政科学研究院《中央与地方间职业教育事权和支出责任划分》课题组、白景明、韩凤芹、史卫、张绘：《中央与地方间职业教育事权和支出责任划分》，载《财政科学》2017 年第 9 期。

［60］中央财经大学课题组：《基础教育领域中央与地方财政事权与支出责任划分研究》，载《预算管理与会计》2019 年第 11 期。

[61] 周波：《政府间财力与事权匹配问题研究》，东北财经大学出版社2009年版。

[62] 周娟：《德国教育事权与财政支出责任划分》，载《世界教育信息》2017年第15期。

[63] Anthony Murphy, Simon Claridge. The educational psychologist's role in stress management training within a local authority [J]. *Educational Psychology in Practice*, 2000, 16 (2).

[64] Catherine Tissot. Working together? Parent and local authority views on the process of obtaining appropriate educational provision for children with autism spectrum disorders [J]. *Educational Research*, 2011, 53 (1).

[65] Cathy McHugh, Engstrom, Hilton, Hallock, Stacey, Riemer. How students negotiated power & authority issues in a residential community standards program: implications for creating empowering educational settings [J]. *Naspa Journal*, 2002, 39 (3).

[66] Christiane Thompson. The authority of bildung: educational practices in early childhood education [J]. *Ethics and Education*, 2015, 10 (1).

[67] Christiane Thompson. The power of authority: challenging educational theory and practice [J]. *Power and Education*, 2010, 2 (1).

[68] Cohen. Principals' leadership behaviours that shaped teachers' motivation to implement an educational ICT reform imposed by state authorities in Israel [J]. *Israel Affairs*, 2019, 25 (3).

[69] David Tacey. Student spirituality and educational authority [J]. *International Journal of Children's Spirituality*, 2002, 7 (2).

[70] Donald Oppewal. Competing Views of Educational Authority [J]. *The Educational Forum*, 2008, 45 (3).

[71] Englund. Questioning the parental right to educational authority-arguments for a pluralist public education system [J]. *Education Inquiry*, 2010, 1 (3).

[72] Geoffrey Hinchliffe. On the need for well-founded educational authority in England [J]. *Oxford Review of Education*, 2013, 39 (6).

[73] Helene , Ärlestig Olof , Johansson. *Educational authorities and*

the schools [M]. Springer, Cham, 2020.

[74] Ian Grosvenor, Kevin Myers. Progressivism, control and correction: local education authorities and educational policy in twentieth-century England [J]. *Paedagogica Historica*, 2006, 42 (1-2).

[75] Jan Steutel, Ben Spiecker. Authority in educational relationships [J]. *Journal of Moral Education*, 2000, 29 (3).

[76] John Mead. No liability on educational psychologists or speech and language therapists: Crowley v Surrey County Council, SW London Strategic Health Authority and others [J]. *Clinical Risk*, 2008, 14 (6).

[77] Judith Glaesser, Barry Cooper. Educational achievement in selective and comprehensive local education authorities: a configurational analysis [J]. *British Journal of Sociology of Education*, 2012, 33 (2).

[78] Kevin Woods, Jan Stothard, Jackie Lydon, Rea Reason. Developing policy and practice for dyslexia across a local authority: a case study of educational psychology practice at organizational level [J]. *Educational Psychology in Practice*, 2013, 29 (2).

[79] Kuyok Abol Kuyok. Classification of Horn of Africa school children: is it appropriate for the educational authorities in England to refer to them as refugees? [J]. *Intercultural Education*, 2010, 21 (1).

[80] Michaud. A qualitative study on the nature of educational authority in three school-wide events in an elementary school [J]. *International Journal of Leadership in Education*, 2019, 22 (2).

[81] Nicole M. Deterding, David S. Pedulla. Educational authority in the "open door" marketplace [J]. *Sociology of Education*, 2016, 89 (3).

[82] Nuraan Davids, Yusef Waghid. Educational leadership reconsidered: re-invoking authority in schools [J]. *Africa Education Review*, 2019, 16 (2).

[83] Spring Joel. *Wheels in the head: educational philosophies of authority, freedom, and culture from confucianism to human rights* [M]. Taylor and Francis, 2012.

[84] Woodley-Hume, Woods. Exploring the role of assistant educational psychologists within local authority educational psychology services in England [J]. *Educational Psychology in Practice*, 2019, 35 (2).